PERCHÉ FAI SCHIFO NEL TIRO CON L'ARCO

Steve Ruis

PERCHÉ FAI SCHIFO NEL TIRO CON L'ARCO

. . . e cosa puoi fare per rimediare

di Steve Ruis

Traduzione: Cristina Redenti

Titolo Originale: "Why You SUCK at Archery . . . and what you can do about it"

Proprietà letteraria riservata

ISBN: 978-0-9913326-8-7

© 2018 Watching Arrows Fly

Tutti i diritti riservati. Tranne che per l' uso in una recensione, la riproduzione o utilizzo di questa opera in qualsiasi forma o con qualsiasi mezzo elettronico, meccanico o di altro tipo, ora conosciuto o in seguito inventato, inclusa la xerografia, la fotocopia e la registrazione, e in qualsiasi sistema di memorizzazione e recupero delle informazioni, è vietato senza il permesso scritto dell' editore.

Gli indirizzi web citati nel presente testo erano attuali al febbraio 2018, salvo diversa indicazione.

Autore: Steve Ruis; **Editore**: Steve Ruis; **Revisore**: Claudia Stevenson; **Copertina**: Claudia Stevenson; **Grafica**: Steve Ruis; **Fotografi** (copertina e interno): Steve Ruis e Claudia Stevenson salvo diversa indicazione **Traduzione**: Cristina Redenti **Revisore Traduzione**: Stefano Oddo

Stampato negli Stati Uniti d'America 10 9 8 7 6 5 4 3 2

Watching Arrows Fly
1440 W. Taylor Street, #460
Chicago, IL 60607
773.516.3713
www.watchingarrowsfly.com

Indice

Introduzione

Immagino di non poterci mettere più di due o tre pagine di questo libro per convincerti che io so perché fai schifo nel tiro con l'arco e ti posso aiutare a cambiare le cose, quindi non posso farla tanto lunga. Di seguito trovi molti dei motivi per cui tiri da schifo.

Se ti ritrovi in alcuni (o parecchi) di questi, troverai un capitolo di questo libro che parla di cosa puoi fare per migliorare.

Nella seconda parte del libro spiego invece come creare un "Programma Mentale da Paura", la mancanza del quale è la ragione principale per cui fai schifo nel tiro con l'arco.

Ecco qua, in ordine sparso....

Fai schifo nel tiro con l'arco perché...

- **Pensi che il tiro con l'arco sia al 90% mentale.**
  La cosa più saggia che io abbia mai sentito su questo l'ha detta il coach Larry Wise: "Il tiro con l'arco è per circa un terzo questione di fisico, per un terzo di materiale e per un terzo di approccio mentale". Una volta che ti sei occupato dell'allenamento fisico e della scelta del materiale, ciò che rimane (durante la gara) è circa 90% (e oltre) mentale, ma se hai qualche pecca nella forma fisica o nel materiale, o nella postura o nell'esecuzione, non c'è trucco mentale che possa porvi rimedio.
- **Pensi che il tiro con l'arco sia al 90% mentale e poi non ti eserciti con gli strumenti mentali che servono.**

Ehi, non preoccuparti... non sei l'unico a fare questa stupidaggine.

- **Cerchi consigli nei posti sbagliati.**
  Cerchi consigli sul tiro dai tuoi amici, cerchi consigli sul materiale nei negozi, sulle riviste... e su internet, accidenti. E' un bene che tu non possa puntarti l'arco alla tempia come una pistola, e sparare.
- **Accetti consigli quando non dovresti.**
  Stai pagando delle lezioni a un istruttore, ma quel ragazzo che hai incontrato al campo ti ha dato quel bellissimo suggerimento e allora hai modificato il setup del tuo arco. Si vede che aveva un bel sorriso! (Ma che cavolo?)
- **Spendi migliaia di euro in materiale ma nemmeno un centesimo in coaching.**
  Tiger Woods ha un coach, Kobe Bryant ne ha più di uno, Joe Montana* ha assunto un allenatore quarterback per suo figlio che va al college, ma... che ne sanno loro!
- **Continui a ritoccare il tuo tiro.**
  Nel tiro con l'arco devi ripetere, ripetere e ripetere il tiro. Ora dimmi, qual è il tuo modo di tirare... questa settimana?
- **Non ti alleni nel modo giusto.**
  Vai al campo, tiri fino a quando infili una sequenza di frecce "buone" e lo chiami un "bell'allenamento". Non sei completamente senza speranza, ma quasi.
- **Non scrivi niente.**
  A scuola eri bravissimo, quindi non prendi appunti, non fai liste, e non fai programmi. Tieni tutto a mente. E' incredibile che ancora non ti sia scoppiata la testa, considerando tutta la roba che c'è dentro. Oh, ti sei perso qualcosa? No? Ma come, non te lo ricordi?!
- **Non hai una sequenza di tiro.**
  Anche i golfisti hanno una sequenza di tiro! Sarà quello

che ti impedisce di averne una? Che ne dici?

- **Ti lamenti dei tuoi punteggi ma non sai come fare i punti.**
  Con solo pochi punti che separano i vincenti dai perdenti, non puoi permetterti di regalarne via, eppure ne sprechi parecchi ad ogni gara, e non hai idea del perché.
- **Ti dimentichi qualcosa di importante quando vai in gara.**
  Della serie... "Ehi, se fosse davvero importante me lo sarei ricordato!" Bene... e adesso dove le trovi delle frecce in prestito?
- **Sotto pressione ti allontani dalla tua sequenza.**
  Ehi, ho un'idea geniale: voglio inventare un nuovo modo di tirare... adesso! Dopo tutto cosa rischio? "Solo"... la gara!
- **Pensi che un nuovo materiale ti renderà un arciere migliore.**
  Se questo fosse vero (come molti fabbricanti di materiale vorrebbero segretamente farti credere) e il nuovo arco, sgancio, mirino, stabilizzatore che hai comprato potessero farti migliorare dell'X%, anche quel ragazzo che ti batte ad ogni gara ne avrebbe uno uguale e siccome è già più bravo di te, il suo X% sarebbe maggiore del tuo e ti lascerebbe indietro ancora di più! (e magari avendo avuto il materiale gratis da uno sponsor).
- **Pensi che ti manchino solo un paio di buone dritte per arrivare ai tuoi obiettivi.**
  Gli agenti di cambio campano molto bene sulle persone che credono nelle dritte, e così anche gli arcieri professionisti. Se cominci a pensare che le dritte aiutino, la prossima cosa di cui ti innamorerai saranno i "segreti del tiro con l'arco"! (Non esistono segreti nel tiro con l'arco).
- **Preferiresti camminare nudo per le vie del centro piuttosto che rinunciare a una freccia.**
  Certo, questa freccia non la sento proprio perfetta, ma mi sento fortunato – è questo che pensi?

- **Sposti i piedi tra un tiro e l'altro.**
  Prego? Se hai trovato la posizione perfetta per i tuoi piedi nel tiro precedente, per quale cavolo di motivo li dovresti spostare?
- **Vai al campo, tiri fuori l'arco dalla borsa e cominci a sparare frecce nel paglione.**
  Non può essergli successo niente dall'ultima volta che hai tirato... non c'è motivo di controllarlo ancora.
- **Credi nella magia.**
  Il carbonio è come la panna, rende tutto più buono. Sì, certo....
- **Pensi che il tuo arco da caccia da 70 libbre vada benissimo per le gare targa.**
  Mi chiedo come ti sentirai alla centododicesima freccia. Chiamate un dottore!
- **Pensi che quello che funziona per "quell'arciere lì" debba funzionare anche per te.**
  Sì... Esattamente come io devo lavorare al mio stacco dalla linea del tiro libero per effettuare la "schiacciata Windmill"... perché funziona così bene per LeBron**.
- **Sei completamente irrealistico sulle tue possibilità di vincere.**
  Potresti vincerla questa gara, davvero potresti. E intanto che ci pensi, potrei provare a venderti... il Ponte di Brooklyn.

Qualcuno di questi motivi ha colto nel segno? Sei colpevole di qualcuno di essi? Caspita, di tutti?! Bene, e allora cosa intendi fare, startene lì a deprimerti? Tutti questi problemi possono essere risolti, e non è neanche tanto difficile farlo. Ma come ha detto il famoso golfista Bobby Jones: "la gara di golf si gioca per lo più su un campo lungo una spanna... lo spazio compreso tra le tue orecchie". Lo stesso vale per il tiro con l'arco. Devi solo usare un po' meglio la testa e non solo non farai più schifo, ma comincerai a stupire la gente. Non sarebbe divertente?

A proposito, questo ci ricorda un paio di altri motivi per cui fai schifo nel tiro con l'arco:

- **Non ti diverti.**
  Se vuoi vincere, perdere non è divertente. Allora, perché affronti le cose nello stesso modo in cui lo facevi prima che ti venisse voglia di vincere?
- **Ti diverti troppo**.
  Abbiamo un modo per chiamare gli arcieri che tirano solo per divertimento . . . arcieri "per hobby", beh, insomma, "perdenti". Quando arrivi al punto in cui vincere è una grossa parte del divertimento, devi ripensare a come affronti le cose, e questo comporta farne alcune non proprio divertenti.

Ma aspetta, non è tutto . . . c'è di più!

*Uno dei migliori quarterback della NFL [N.d.T.]

**LeBron James, famoso cestista statunitense [N.d.T.]

➞ Sezione 1 ⟵

Cosa puoi fare per smettere di fare schifo nel Tiro con l'Arco

→ 1 ←

Fai schifo nel tiro con l'arco perchè... pensi che il tiro con l'arco sia al 90% mentale.

Concordo col mio amico Larry Wise quando dice che "il tiro con l'arco è per circa un terzo questione di fisico, per un terzo di materiale e per un terzo di approccio mentale".

Una volta che ti sei occupato dell'allenamento fisico e della scelta del materiale, ciò che rimane (durante la gara) è 90% (e oltre) mentale; ma se hai problemi di forma fisica o di materiale, o di postura o di esecuzione, non c'è trucco mentale che possa porvi rimedio.

Quindi, come fai ad essere sicuro che il tuo materiale sia "sufficiente" per te?

Ho detto "sufficiente", perché il tuo materiale non deve essere il migliore, né deve per forza essere nuovo, deve solo essere abbastanza buono per te, intendendo che non deve limitare la tua prestazione.

Ovviamente, se tiri un mazzo di frecce di alluminio spaiate e storte, rimpiazzarle con delle frecce dritte e in spine migliorerà i tuoi punteggi (Ecco, in questo caso puoi "comprarti una prestazione migliore"!)

Ma una volta che il tuo materiale è stato scelto e settato nel modo giusto per te, dovrebbe essere abbastanza buono da non limitare la tua prestazione.

Un modo per capirlo è semplicemente verificare la misura della rosata. Se il tuo obiettivo è tirare tutte le frecce nel giallo e le tue rosate a 18m sono più larghe del "nove", vuol dire che non ce la potrai fare. Se hai fatto e rifatto il setup del tuo arco e delle tue frecce e le rosate non si stringono, forse dovresti provare con materiali diversi.

Come fai a sapere che sei fisicamente pronto per le gare?

Assumendo che il 33% costituito dal materiale sia a posto, come fai a sapere se la tua postura e la tua esecuzione del gesto sono adeguate? Ancora una volta, verificare la misura delle rosate è la chiave. Se vuoi tirare i "300" in modo consistente sulla targa NFAA 5-spot* la tua rosata deve stare nel centro e devi essere capace di rifarlo ad ogni volée.

Devi tirare in allenamento con le stesse condizioni della gara per dimostrare a te stesso che ce la puoi fare.

Vedi il capitolo 22... sei completamente irrealistico sulle tue possibilità di vincere" per trovare idee su come determinare le tue reali possibilità di riuscita.

Se, ed è un grosso "se", hai gestito sia gli aspetti fisici del tiro che quelli relativi ai materiali, allora sì, quello che resta è 90% mentale. Ma se i tuoi mirini non sono perfetti, se le tue frecce non sono intatte, se... , se... allora cambia tutto.

*Si tratta di una targa utilizzata nelle competizioni NFAA chiamate "300 Round". La targa, bianca e azzurra, comprende 5 spot il cui centro vale 5 punti. Un 300 Round NFAA consiste in 12 volée da 5 frecce tirate a 18m circa (20 iarde). Il punteggio massimo è di 25 punti per volée, quindi 300. Il diametro del centro (X-ring) è di 4cm, e anche l'anello adiacente, di diametro 8 cm, vale 5. [N.d.T.]

→ 2 ←

Fai schifo nel tiro con l'arco perché... pensi che il tiro con l'arco sia al 90% mentale e poi non ti eserciti con gli strumenti mentali che servono.

Cavolo, credi davvero che questi strumenti siano efficaci se non ti alleni ad usarli?

Ma come fai a sapere quali di questi strumenti funzionano davvero... e che funzionano per te? E quali sono questi strumenti, almeno lo sai?

Questa mancanza di preparazione è la più grande ragione per cui gli arcieri fanno schifo, per questo ho preparato un capitolo su come creare un Programma Mentale "da Paura".

(Questo capitolo è più avanti e NO, non saltare avanti ... ci sono altre cose da imparare prima di leggerlo; stai calmo e abbi pazienza, fallo per me)

Per ora diciamo che la maggior parte degli arcieri non fa un minimo di lavoro sugli aspetti mentali fino a quando non ha fatto tutto quello che gli viene in mente su postura, esecuzione e materiale. Solo se dopo aver fatto tutto questo ancora non riescono a vincere, allora pensano "Forse c'è qualcosa di vero in questa storia del 'mentale', dopo tutto".

Pronto? Sveglia! Quanti ragazzi pensi che abbiano materiali e tecnica corretta? Centinaia? Migliaia? Allora cos'è che distingue i vincenti dai perdenti? I nomi di Jesse Broadwater, Reo Wilde, Jaime Van Natta e Brady Ellison ti fanno suonare qualche campanello?

L'arciere che è fisicamente preparato e il più possibile mentalmente solido resta quello con le più grandi possibilità di vincere.

Considera Dave Cousins, che è stato al top o quasi del mondo del compound per un sacco di tempo. Il signor Cousins andò in Svezia per i campionati mondiali field . . . sfortunatamente il suo materiale non arrivò. Prese in prestito da un compagno di squadra arco, frecce e sgancio e indovina chi era in testa alla classifica dopo il primo giorno? Proprio lui, Mr. Cousins.

Essere mentalmente solidi significa essere capaci di eseguire il proprio programma mentale in qualsiasi circostanza. Come fanno questi arcieri che vincono e stravincono a fare questo? Si allenano a farlo.

Per aiutarti ad imparare cosa e come farlo, vedi la 'Sezione II – Come creare un Programma Mentale da Paura'.

3

Fai schifo nel tiro con l'arco perché... cerchi consigli nei posti sbagliati.

Il tiro con l'arco è uno sport "sociale" e tutti noi diamo consigli ogni tanto, anche quelli che non dovrebbero farlo.

Se accetti consigli da tutti quanti quelli che hanno consigli da dare, sei spacciato, fregato, finito. Devi trovare solo poche fonti di consigli arcieristici di cui fidarti, che di seguito chiamerò "i tuoi Riferimenti".

Qualunque altra cosa tu raccolga (e ti raccomando di essere sempre attento a quello che potrebbe esserti utile) devi, assolutamente, sottoporlo ai tuoi Riferimenti per avere la loro opinione.

Fidati, se tu ne sapessi abbastanza da saper valutare tutto quello che ti viene detto, non faresti schifo nel tiro con l'arco.

Devo raccontarti una storia. Ero al Vegas Shoot una volta, seduto di fronte allo stand di Carter Enterprises e guardavo un ragazzo che parlava con Jerry Carter da 20 minuti. Il nocciolo della questione era che questo tizio voleva comprare uno dei nuovi sganci di Carter, e Jerry non glielo voleva vendere. Jerry ripeteva: "Non ti serve uno sgancio nuovo, devi imparare a tirare con quello che hai".

Ora, questo era il tizio che ha creato l'azienda che fa i migliori sganci al mondo, che campa vendendo quei benedetti aggeggi, e stava dicendo al ragazzo che non gli avrebbe venduto una cosa di cui non aveva bisogno. Tu penserai che il ragazzo avrebbe dovuto ascoltarlo, giusto?

Beh, non lo fece, e questo è uno dei molti motivi per cui quel ragazzo fa schifo nel tiro con l'arco (in seguito io sono andato da Jerry e gli ho detto che al suo posto avrei venduto a quell'idiota 3 sganci, tanto per dargli una lezione. Ma a differenza di Jerry Carter, io non sono un uomo gentile)

Se potessi avere informazioni da una fonte attendibile, al posto tuo io l'ascolterei, e l'ascolterei bene. E vorrei comunque discuterne anche con i miei Riferimenti.

Io non voglio screditare i negozi specializzati, perché il più delle volte sono posti in cui si possono ricevere consigli abbastanza buoni sul materiale. Ma non sai quante volte ho mandato allievi nei negozi e li ho visti tornare con roba inadeguata, consigliata male o inutile.

Devi imparare a riconoscere chi nel negozio sa di cosa parla, e chi semplicemente lavora lì part-time dopo la scuola. E verifica tutto quello che ti viene detto con i tuoi Riferimenti.

4

Fai schifo nel tiro con l'arco perché... accetti consigli quando non dovresti.

In matematica ci sono strumenti per determinare se un percorso è completamente casuale oppure se segue un modello. Il percorso casuale viene simpaticamente etichettato come "la camminata del marinaio ubriaco". Puoi non rendertene conto, ma ti trovi su un percorso che speri ti possa portare all'eccellenza nel tiro con l'arco (o almeno a "tirare meglio"). Ma se accetti consigli da qualsiasi Pinco o Pallino che abbia qualcosa da dire, ti stai avvicinando moltissimo a quella camminata del marinaio ubriaco.

Non vai da nessuna parte... e ci vai pure in fretta!

Se sei abbastanza in gamba da cercarti un coach per delle lezioni, dovresti sottoporre a quel coach tutto quello che ti viene in mente. Lo paghi, fallo lavorare!

Se non funziona, licenzialo, ma non sabotare ciò che sta cercando di fare per te facendo cambiamenti senza farglieli prima approvare.

Se vuoi continuare ad accettare pareri a caso, non stai nemmeno facendo un percorso, sei già arrivato a destinazione: tiri da schifo e continuerai a farlo.

5

Fai schifo nel tiro con l'arco perché... spendi migliaia di euro in materiale ma nemmeno un centesimo in coaching.

Questo problema vale più per il compound che per il ricurvo ed è molto legato alla mancanza di bravi istruttori, ma (e lo sapevi che c'era un "ma" . . .) un buon istruttore ti può risparmiare un sacco di problemi. Se non ci sono istruttori bravi dalle tue parti, cercane uno lontano (io avevo un allievo qui a Chicago che andava fino in Arizona per poter lavorare con un coach).

Se costruisci una relazione con un coach che non è proprio vicino a dove abiti, più avanti potrete lavorare insieme da remoto. Potete parlare al telefono, per email, mandare video via Internet, e così via.

I bravi coach vedono cose che tu non vedi, perché ti guardano da fuori e sono abituati a vedere i difetti nella postura e nell'esecuzione del tiro. Io quando vado alle gare mi trovo veramente in difficoltà, perché vedo troppi errori nelle persone che tirano intorno a me e non posso dire niente (Prima regola del coaching: non offrire consigli non richiesti). Questa cosa mi fa diventar matto!

Se non trovi un coach, chiedi a un arciere professionista o molto bravo di aiutarti. E aspettati di pagarlo! Qualsiasi idiota abbia avuto l'idea che il coaching nel tiro con l'arco dovrebbe essere gratis, andrebbe preso e infilzato! Se ottieni lezioni gratis, ottieni esattamente quello per cui paghi! (Vedi capitolo 4, più sopra).

6

Fai schifo nel tiro con l'arco perché... continui a ritoccare il tuo tiro

Se vuoi seriamente migliorare nel tiro con l'arco, devi mettere a punto il "tuo" modo di tirare, e poi lo devi mantenere.
Se non lo fai – e la maggior parte degli arcieri non lo fa – stai sprecando un sacco di tempo allenandoti a tirare frecce in modo diverso da quello a cui dovrai arrivare. Perché allenarsi a farlo nel modo sbagliato?

In questo un bravo coach o un arciere serio ti possono aiutare a risparmiare un sacco di tempo e fatica. Possono aiutarti a capire come dovresti tirare: qual è la *tua* postura giusta, la *tua* sequenza giusta, il materiale giusto *per te*. Dopo di che devi solo tirare e tirare e tirare fino a quando il "*tuo* tiro" diventerà per te naturale.

La maggior parte degli arcieri continua a tirare nella speranza di "scoprire" il proprio tiro. Molta di questa fatica è sprecata e, in effetti, sentirai i migliori coach dire che passano la maggior parte del loro tempo lavorando con arcieri che "si sono dati" cattive abitudini. Questo lavoro serve a tornare indietro da dove non saresti mai dovuto andare, quindi è tutto uno spreco di soldi e di fatica.

Una volta che hai messo a punto il tuo tiro, non cambiare niente senza avere la piena consapevolezza di ciò che succederà. Ad esempio, se cambi il brace del tuo arco (o il tiller, il punto di incocco, la posizione dei piedi, qualsiasi cosa), hai appena cambiato tutto e devi completamente rifocalizzarti. Può anche darsi che tu debba cambiare le frecce, o rifare il setup con quelle che avevi. Non fare cambiamenti a caso!

Se proprio vuoi cambiare qualcosa, fallo come esperimento.

Determina il tuo punteggio medio in un certo numero di allenamenti. Poi fai la modifica, e allenati per un po', e poi fai ancora un po' di sessioni di allenamento contando i punti.

Il tuo punteggio medio è salito? No? Se no, era solo una modifica, non una miglioria. Se sì, il tuo punteggio medio è salito, quindi sai che è valsa la pena di fare quella modifica e puoi considerarla valida.

Mettere tutto questo impegno nel valutare le modifiche significa che non dovresti fare piccoli cambiamenti uno dopo l'altro, come facevi prima, perché questo potrebbe portarti dal "tuo tiro" a qualcosa di meno efficace.

Non sprecare tutte le tue forze per tirarti fuori da tunnel nei quali ti sei infilato da solo.

Fai le cose per bene.

Non fare modifiche a caso.

→ 7 ←

Fai schifo nel tiro con l'arco perché... non ti alleni nel modo giusto.

Vai al campo, tiri frecce fino a quando infili una sequenza di frecce "buone", e lo chiami un "bell'allenamento". Non sei completamente senza speranza, ma quasi... .

Non mi fraintendere, anche io ho creduto per anni che questo fosse il significato di "allenamento", fino a quando non ho fatto alcune domande. Ad esempio, quante volte dovresti fare simulazioni di gara in allenamento? Risposta: non così tante quanto pensi, forse una volta a settimana, più o meno.

La maggior parte dei compoundisti professionisti fanno la maggior parte dei loro allenamenti sulla paglia (sì amico, proprio così, senza targa).

David Butler (campione nazionale NFAA, AMFS nel 1998 e nel 1999) era famoso per avere un "sacco" da allenamento appeso a una trave nel suo negozio. Teneva un secchio pieno di frecce da allenamento e le tirava a distanza relativamente corta. A volte alzava il sacco-bersaglio, così poteva allenarsi a tirare verso l'alto.

Ma come? Se ne stava lì a tirare semplicemente frecce in un bersaglio appeso? Proprio così.

Visto da fuori sembrerebbe solo esercizio fisico. Ma era quello che avveniva nella sua testa che era speciale. Cercava di "sentire" ogni parte del suo arco in movimento. Cercava di sentire cosa cambiava nel tirare verso l'alto rispetto a tirare in linea. Cercava di sentire il suo sgancio.

(Una volta mi disse che ti trovi veramente bene con un arco solo quando ci tiri fino a quando non cade a pezzi! Accidenti!)

Faceva anche esperimenti con il suo materiale provando diversi tipi di messa a punto per vedere se uno funzionava meglio dell'altro. Forse una volta a settimana andava al campo e tirava segnando i punti. Normalmente misurava l'allenamento secondo quanti secchi di frecce aveva tirato (ma con tutta una serie di obiettivi in mente mentre le tirava).

Gli arcieri professionisti sanno come fare in tempi brevissimi una messa a punto precisa per far fare all'arco quello che desiderano che faccia (Devono saperlo fare: ricevono un nuovo maledetto arco ogni anno dai loro sponsor).

E ancora, provano diversi sganci, stabilizzazioni, mirini, diottre, di tutto. Il resto del tempo lo passano a tirare per lo più nella paglia, affinando la loro postura e il loro gesto. Ogni tanto, simulano una gara.

L'unico caso in cui fanno molte simulazioni è quando cercano di valutare un nuovo arco. Un professionista mi mostrò un taccuino nel quale aveva segnato i punteggi (e le X, e altro) di circa 35 Vegas round provando se l'arco che aveva ricevuto da un nuovo sponsor tirava bene come il suo vecchio arco (Non era così, e quindi tornò al suo vecchio sponsor). Quelle simulazioni erano state tirate con diversi setup e tecniche, e intervallate con chiamate alla fabbrica e ad altri professionisti che stavano usando quello stesso arco.

→ 8 ←

Fai schifo nel tiro con l'arco perché... non hai un programma di allenamento.

Non lo vuoi fare, ma questo è quello che fanno tutti i professionisti top! Comprati un taccuino da pochi soldi (v. capitolo 9.) e inizia a scrivere (proprio così, *scrivere*, non puoi ricordarti tutto a mente...).

In particolare scriviti i programmi di allenamento. Scrivine uno per ogni allenamento che fai.

Inizia a fare questa cosa semplice, e sarai sulla strada giusta per smettere di "tirare da schifo".

Nei tuoi *programmi di allenamento* dovresti pianificare: sessioni di tuning, valutazioni di materiale, verifica dei mirini, elementi del gesto su cui hai bisogno di lavorare (in genere con esercizi), elementi dell'esecuzione che richiedono lavoro (con esercizi), e simulazioni di gara (ovvero segnando i punti).

Se vuoi davvero stupirti, scrivi quanti minuti veramente dedichi a ognuna delle cose che hai pianificato... senza contare il cazzeggio con gli amici, le pause bibita, i giretti, la lettura delle riviste di Tiro con l'arco, o tutte le altre cose che fai durante gli "allenamenti".

Ti stupirai di quanto poco tempo tu passi realmente ad allenarti.

Ecco qui un segreto da arciere che nessuno ti ha mai

detto. Viene dal mondo delle diete.

Pare che ogni tentativo di rieducare le persone a mangiare in modo sano a lungo termine fallisca. La gente che mangia sano si sente meglio, perde peso, un sacco di cose positive, ma prima o poi torna alle sue abitudini di mangiare "pesante".

Sapete cosa ha funzionato alla fine per queste persone? E' stato chiesto loro semplicemente di scrivere quello che mangiavano. Restavano scioccati da quello che scoprivano.

E cambiavano le loro abitudini perché avevano qualcosa che mostrava loro ciò che facevano realmente rispetto a ciò che *credevano* di fare. Funzionerà anche per il tuo tiro.

Più dettagli su questo li trovi nella *Sezione 2 – Come creare un Programma Mentale da Paura.*

9

Fai schifo nel tiro con l'arco perché... non scrivi niente.

A scuola eri bravissimo, quindi non prendi appunti, non fai liste, e non fai programmi. Tieni tutto a mente. Conosco un sacco di gente che fa così! E sbagliano tutti! Ogni elemento misurabile del tuo arco dovrebbe essere misurato e messo per iscritto (io raccomando quadernetti da poco, a spirale). Non serve essere arcieri da molto tempo per aver giochicchiato con un arco fino a non farlo quasi più funzionare. "Mamma mia, vorrei poter rimettere le cose come quando tirava bene!" Beh, se tu avessi misurato e scritto tutto prima di fare modifiche, potresti farlo.

Un amico dell'arciere

Molti ragazzi che conosco usano una scheda standard per registrare queste informazioni. Ogni volta che cambiano qualcosa riempiono una scheda nuova (e tengono quella vecchia). Ogni volta che un mio allievo ha un arco nuovo, gli dò una di queste schede.

Per quanto riguarda le gare, dicono che l'esperienza sia l'insegnante migliore.

Ma a che cavolo ti serve se non ti ricordi cosa è successo in gara? Dopo ogni competizione scriviti tutte le cose che hai imparato... sulla location, l'organizzazione, il tuo materiale, come hai tirato... , tutto. Poi scriviti 3 cose o più (ma *almeno 3*) che vorresti fare diversamente la prossima volta che farai questa gara.

10

Fai schifo nel tiro con l'arco perché... non hai una sequenza di tiro.

Tutti i golfisti hanno una sequenza di tiro! Sarà forse per questo che tu non ce l'hai? Che ne dici?

Una *sequenza di tiro* è semplicemente una serie di passi che segui per tirare una freccia la prima volta che ti avvicini alla linea di tiro.

Questi costituiscono la procedura operativa standard per tutti gli sport "ripetitivi".

Nel tiro con l'arco, una sequenza di tiro ti permette di osservare i diversi segmenti del tuo tiro e lavorarci singolarmente. La regola generale è che ogni fase del tuo tiro dovrebbe avere più o meno lo stesso livello qualitativo. Un po' come nessuna catena è più forte del suo anello più debole, il tuo tiro non è migliore della sua parte più scarsa. Esistono esercizi per lavorare sui vari aspetti del tiro, dalla postura all'esecuzione.

(Sto lavorando ad un libro. "The big book of Archery Drills", "Il grande libro degli Esercizi di Tiro con l'Arco", ma non è ancora pronto!)

Una volta che tutte le parti del tuo tiro sono più o meno allo stesso livello di qualità, puoi valutare il tuo livello di abilità.

Se la tua performance non è abbastanza buona, allora devi aumentare la qualità di ogni singolo step per salire di livello (tipicamente nell'ordine della sequenza di tiro, dall'inizio alla fine).

Il punto di partenza più comune è una sequenza del tipo:
1) Mettiti in posizione
2) Incocca una freccia
3) Posiziona le mani (arco e corda)
4) Solleva l'arco
5) Esegui la trazione della corda
6) Trova il tuo ancoraggio
7) Mira
8) Rilascia, e
9) Follow through.

(Questo è ciò che viene saggiamente chiamato "i 9 passi base").

Ora, in ognuno di questi step ci sono molte più cose di quanto le sole parole non dicano.

Prendi ad esempio: "2) incocca una freccia". Nel mio caso io tiro le frecce in sequenza quindi per "incoccare una freccia" devo trovare la freccia numerata correttamente (2a), estrarla dalla faretra (2b), incoccarla nel punto giusto della corda (2c), con l'aletta indice correttamente orientata (2d) e in modo da poter sentire il rumore della cocca che pinza la corda (2e), quindi appoggiare la freccia sul rest (2f). In più, a volte tiro con un clicker, quindi devo anche posizionare la lamella del clicker sopra la freccia (2g). Ogni step spesso comprende dei sotto-step, di qualsiasi tipo essi siano.

Un buon punto di partenza per capire quale sia per te la migliore sequenza di tiro "sintetica" è fare un elenco esaustivo, elencando ogni singola cosa che fai quando tiri la prima freccia.

Questa lista potrebbe avere anche 30-40 elementi! (ti sgranchisci le dita quando prendi in mano lo sgancio? Io lo faccio; mi aiuta a trovare il posto giusto per le dita assicurandomi che siano il più rilassate possibile) Quindi riduci l'elenco ad una lista "compatta" ovvero con solo gli step che ti danno problemi, o quelli che non esegui sempre nello stesso identico modo ad ogni freccia.

Alcuni arrivano addirittura ad incollare la loro lista sulla parte interna del flettente superiore e a leggerla ad ogni freccia...perché fino a quando il tuo tiro non sarà quasi completamente automatico, farai degli errori che ti costeranno quei punti che ti costeranno il podio, facendoti mugugnare: "Faccio davvero schifo... ."! Cosa che non dovresti dire, nonostante sia vera – vedi il capitolo 24, più avanti.

L'aspetto mentale di una sequenza di tiro

Il "succo" del tiro con l'arco è la sensazione di tiro. Ma a quanto pare noi umani non siamo particolarmente concentrati sulle nostre sensazioni. Effettivamente, essere particolarmente emozionali non sembra essere una buona cosa. La nostra mente si piazza tra noi e la realtà fisica facendoci "interpretare" le nostre sensazioni fisiche in modi che per il tiro con l'arco sono controproducenti. In fin dei conti però gli step della sequenza di tiro si intrecciano con un programma mentale forte (Vedi, non l'ho dimenticato). Per ogni passo fisico della sequenza c'è una check-list (lista di controlli) mentale e questo dà alla mente – sia conscia (prima) che subconscia (dopo) – qualcosa da fare, qualcosa che non ci distrarrà dal tiro.

Ogni step fornisce anche un punto di controllo, un istante in cui certe sensazioni fisiche vengono verificate.

A lungo andare, gli arcieri prendono maggior dimestichezza con la sensazione dei tiri buoni in modo da poterli distinguere da quelli non buoni.

Ecco dunque su cosa tendono a concentrarsi gli arcieri

nella loro sequenza di tiro (uso come modello i 9 passi base applicati a un compoundista (io) che tira con sgancio a pollice)

Step della sequenza di tiro	Controllo Mentale
1. Mettiti in posizione	Piedi alla stessa larghezza delle spalle, punte dei piedi in linea col bersaglio, rilassato
2. Incocca una freccia	Vedi la freccia sul rest, penna indice in alto, senti il rumore della cocca sulla corda, sgancio nel D-loop
3. Posiziona le mani (arco e corda)	(mano dell'arco) sulla base del pollice, nocche a 45°, (mano della corda) dita sullo sgancio in modo che tutto il resto sia rilassato
4. Solleva l'arco	Spalla dell'arco bassa, gomito della corda alto, mani rilassate
5. Esegui la trazione della corda	Trazione continua e forte con gomito alto e spalla dell'arco bassa
6. Trova il tuo ancoraggio	Visette davanti all'occhio di mira, la mano tocca la faccia vicino alla mandibola
7. Mira	Allinea la diottra con la visette, verifica la bolla, mira il punto che vuoi colpire
8. Rilascio	Tira indietro il gomito della corda e fai scattare lo sgancio
9. Follow-through	Mantieni la posizione (soprattutto la linea di mira) fino a quando l'arco finisce il suo movimento

Tutti questi punti di controllo sono visioni e sensazioni, e mi permettono di concentrarmi su cosa dovrei vedere e sentire ad ogni step del tiro. La maggior parte devono essere "percepiti" perché è difficile vederli quando sei concentrato sul 10.

L'aspetto mentale più importante è questo: *in caso di qualsiasi interferenza – mentale o fisica – generata da uno step precedente oppure dall'ambiente esterno, devi scendere e ricominciare.*

Questa io la chiamo la "Regola della Disciplina".

Non puoi diventare un arciere vincente se non segui questa regola.

Essenzialmente questa regola dice che puoi tirare solo quelle frecce che già sai che saranno buone.

Tirare quelle frecce che speri saranno buone non ti farà diventare uno di quelli che vincono, anzi sicuramente ti farà continuare a tirare da schifo.

La Regola della Disciplina è quella che fa funzionare la sequenza di tiro.

➞ 11 ⟵

Fai schifo nel tiro con l'arco perché... ti lamenti dei tuoi punteggi ma non sai come fare i punti.

Con solo pochi punti che separano i vincenti dai perdenti non puoi permetterti di regalarne via, eppure tu ad ogni gara ne sprechi parecchi.

Allora, cosa fanno i campioni che tu non fai? La lista è molto lunga, quindi posso solo darti qualche spunto.

Il segreto sono *l'atteggiamento e la preparazione.* Ad esempio, quando comincia a piovere durante una gara outdoor, come reagisci?

I vincenti tirano fuori il loro abbigliamento da pioggia e continuano. Sanno che il punteggio risentirà della pioggia, ma il loro punteggio soffrirà probabilmente meno di altri perché loro sono preparati. E, anche se non amano tirare sotto la pioggia, il fatto che altri saranno fuori gioco a causa del loro atteggiamento sbagliato li rende felici.

Soprattutto nelle gare all'aperto, è probabile che non farai un punteggio perfetto, quindi dove perdi punti di solito? Come puoi fare per minimizzare le perdite? Questo è ciò che guida la preparazione dei campioni. Una volta, gli arcieri compound segnavano i mirini un po' più bassi perché sapevano che quando alla fine della gara erano più stanchi il loro tiro si abbassava un po' (Con i materiali moderni, la velocità delle frecce è maggiore e quindi non si fa più).

Gli arcieri field diventavano esperti nella "lettura dei bersagli". Su un bersaglio in discesa a 60m la maggior parte dei buchi erano sul lato destro. Gli arcieri sul campo erano bravi, quindi com'è possibile? Hmmmm. Devi cercare tutto ciò che ti può dare un vantaggio.

Essere preparati a tirare in alto, in basso, e di lato richiede allenamento. Se sul tuo campo non hai questo tipo di piazzole, inventale, in modo da poterti allenare.

Se qualcosa nel tuo arco si rompe, ad esempio il Loop, consideri finito l'allenamento per quel giorno?

Se qualcosa si disallinea, sei capace di scoprirlo e, cosa più importante, sai rimetterlo a posto esattamente come prima?

Nell'istante preciso in cui sembra che ci potrebbe essere qualcosa di sballato, i campioni sanno cosa controllare e come rimettere a posto tutto per minimizzare la perdita di punti.

Se non sai cosa fare, continui a perdere punti fino a quando rimani troppo indietro o addirittura abbandoni. Devi imparare queste cose. Devi controllare il tuo arco in modo da sapere come deve essere ogni cosa e, ancora meglio, segnare tutto in modo da sapere a colpo d'occhio se c'è qualcosa fuori posto, e dove riportarlo.

Ti starai chiedendo: "Mannaggia, che cosa può andare storto?"

A me è capitato lo sgancio incastrato, le viti del mirino bloccate, il rest smollato, e i fermacavi allentati. Una volta mi si è anche rotto un fermacavo mentre tiravo (quello non sono riuscito a ripararlo sul campo, ma non userò mai più un fermacavo in alluminio).

Negli indoor quando tiri sulla tripla, tiri sempre nello stesso ordine? (se non lo fai, potresti perdere punti).

Ti alleni di proposito vicino alle pareti, o guardando in faccia il mancino in piazzola con te in modo da abituarti a queste situazioni? (se non lo fai, potresti perdere punti).

Imparare a tirare bene è facile, imparare a fare punti è molto più difficile. In parte dipende dall'esperienza, ma molto di più dalla preparazione.

Il campione di tennis Ivan Lendl si faceva preparare racchette uguali a quelle che usava il suo avversario in modo da potersi fare un'idea di come sarebbe uscita la palla da quelle racchette quando avrebbe giocato con quell'avversario. Questa si chiama preparazione!

Se vuoi saperne di più, e sei un compoundista, prova a leggere "ProActive Archery" di Tom Dorigatti.

➞ 12 ⟵

Fai schifo nel tiro con l'arco perché... ti dimentichi qualcosa di importante quando vai in gara.

Della serie... "Ehi, se fosse davvero importante me lo sarei ricordato!" Bene... e adesso dove le trovi delle frecce in prestito?

Ok, a dire la verità io una volta sono andato in gara senza mirino.

Quasi tutti hanno fatto qualcosa di così stupido. Ma se non volete fare schifo, non potete farne un'abitudine.

La soluzione è semplice: fatevi una lista. Io ne ho diverse: una per le gare field, una per le gare outdoor e una per le gare indoor (Ne ho anche per gli allenamenti, per i seminari, ecc.)

Non vi serve una sedia o una borsa frigo per le gare field, e non vi serve uno sgabello portatile per le gare targa, e così via.

Per le gare indoor, la macchina è parcheggiata molto più vicino che non nelle gare field; quindi è bene che le cose di cui hai bisogno siano "per lo meno" in macchina . . . e se proprio devi scegliere le cose da portare, la crema solare non è una di quelle!

Ehi, fare le liste non basta... le devi anche usare!

—→ 13 ←—

Fai schifo nel tiro con l'arco perché... sotto pressione ti allontani dalla tua sequenza.

Ehi, ho un'idea geniale: voglio inventare un nuovo modo di tirare... adesso! Dopo tutto cosa rischio? "Solo"... la gara! Come imparerai nella sezione 2, è molto più semplice ripetere una cosa quando l'hai già fatta, piuttosto che farla per la prima volta.

Essere mentalmente solidi significa essere capaci di eseguire il proprio tiro, esattamente nello stesso modo, anche in circostanze molto diverse. Ma se l'ultima freccia l'hai tirata con una posizione aperta, e ora vuoi provare a tirarne una uguale con una posizione chiusa, sei matto!

Tu non lo faresti mai, vero? Questo no, probabilmente, ma quei piccoli, impercettibili cambiamenti che fai nella tua sequenza di tiro sotto pressione ti costeranno punti e podi.

La primissima volta che ho fatto uno shoot-off, non potevo credere che la mia diottra si muovesse su e giù così tanto. Il mio primo caso di "tremarella" da gara!

E ce l'ho avuta in tutti gli shoot-off successivi! Non serve che tu ti auto-penalizzi cambiando qualcosa nella tua sequenza di tiro per procurarti l'agitazione da shoot-off, quando le cose stanno andando per il verso giusto. Risolvi la questione in allenamento.

Immagina di tirare una delle tre frecce di shoot-off durante un allenamento. Se hai qualcuno che tira con te, fate gara (per una Coca Cola o qualcos'altro). Se hai una buona immaginazione, sentirai almeno la parvenza di quell'agitazione. Gestiscila!

Billie Jean King, nella Tennis Hall of Fame, disse che "la pressione è un privilegio". Significa che stai per vincere.

Impara a riconoscere lo stress, e la tua reazione. E non continuare a cambiare cose nel tuo modo di tirare. Altrimenti tirerai sempre da schifo.

→ 14 ←

Fai schifo nel tiro con l'arco perché... pensi che un nuovo materiale ti renderà un arciere migliore.

Se questo fosse vero (come molti fabbricanti di materiale vorrebbero segretamente farti credere) e il nuovo arco, sgancio, mirino, stabilizzatore che hai comprato potessero farti migliorare dell'X%, anche quel ragazzo che ti batte ad ogni gara ne avrebbe uno uguale e siccome è già più bravo di te, il suo X% sarebbe maggiore del tuo e ti lascerebbe indietro ancora di più! (e oltretutto probabilmente a lui il materiale lo avrebbero regalato gli sponsor).

I coach spesso dicono "Non puoi comprarti i punti". Questo non è del tutto vero; i punti li puoi comprare.

Se le tue frecce sono vecchie e rovinate, puoi comprarti dei punti sostituendole con un set nuovo (con lo spine giusto, le punte giuste, e così via).

Ma una volta che ti sei comprato del materiale adatto a te che funziona come si deve, allora i punti non li puoi più comprare.

Puoi migliorare leggermente aumentando la qualità, soprattutto per quanto riguarda le frecce, ma sono miglioramenti piccoli.

Se pensi di aumentare di molto i punteggi usando la carta di credito, ti sbagli di grosso. Ci vogliono allenamento, e preparazione... .

15

Fai schifo nel tiro con l'arco perché... pensi che ti manchino solo un paio di buone dritte per arrivare ai tuoi obiettivi.

Gli agenti di cambio guadagnano un sacco di soldi sulle persone che credono nelle dritte, e lo stesso gli arcieri professionisti. Se cominciate a pensare che le dritte funzionino, la prossima cosa di cui vi innamorerete saranno i "segreti del tiro con l'arco" (non esistono segreti nel tiro con l'arco).

C'è stata un'epoca in cui i grossi nomi del tiro con l'arco non parlavano. Si tenevano per sé i loro "segreti". Quel tempo è passato. Non ci sono più segreti.

Se passi del tempo con un arciere bravo o con un bravo coach, saprai in tempi brevi tutto quello che c'è da sapere. Poi il tuo compito sarà quello di eseguire. E' chiaro e semplice.

Occasionalmente qualche dritta ti sarà utile, ma solo raramente. A meno che tu non faccia schifo nel tiro con l'arco e non abbia letto le fonti migliori, o accetti consigli dalla parte sbagliata, o semplicemente non abbia prestato attenzione. . . .

16

Fai schifo nel tiro con l'arco perché... preferiresti camminare nudo per le vie del centro piuttosto che rinunciare a una freccia.

Che cosa credi? Che "scendere" su una freccia non sia da uomini? Che ti trasformerà in una femminuccia? Ascoltami bene: scendere è la miglior cosa che tu possa fare. In pratica stai dicendo agli altri che puoi tirare una freccia due volte e batterli ugualmente.

Scherzi a parte, non dovresti mai e poi mai tirare una freccia che sai che non è giusta. Se lo fai, non fai altro che allenarti a trovare una scusa per la prossima volta che avresti dovuto scendere.

Io insegno a tutti i miei allievi quella che chiamo la Regola della Disciplina, che recita: "In caso di qualsiasi interferenza - mentale o fisica – generata da uno step precedente nella sequenza di tiro oppure dall'ambiente esterno, devi scendere e ricominciare". Senza eccezioni. Nemmeno quando stai "tirando solo per divertirti". Nemmeno quando "è solo allenamento". Nemmeno quando "fai il buffone". Mai.

Se seguirai religiosamente questa regola, smetterai di tirare la maggior parte delle tue frecce sbagliate semplicemente perché sai già che sono sbagliate prima ancora di tirarle.

Questo è quello che fanno i professionisti. Questo è quello che fanno i campioni. Se non vuoi fare schifo, devi farlo anche tu.

17

Fai schifo nel tiro con l'arco perché... sposti i piedi tra un tiro e l'altro.

Prego? Se hai trovato la posizione perfetta dei piedi nella freccia precedente, perché mai li hai spostati?

Il tiro con l'arco è uno sport ripetitivo, più del bowling, più del golf.

Devi essere in grado di ripetere esattamente lo stesso tiro più e più volte (pensa al tiro alla targa, all'aperto o al chiuso) dalla stessa distanza, nelle stesse condizioni, ecc.

E' stato scientificamente provato che è più facile rifare una cosa che hai già fatto piuttosto che farne una nuova, quindi ogni aspetto del tuo tiro deve essere uguale tra una freccia e l'altra.

E' virtualmente impossibile spostare i piedi e poi rimetterli nella stessa identica posizione, quindi se li sposti, hai cambiato la tua posizione. Perché renderti le cose più difficili? Se stai tirando nella X sempre dalla stessa posizione, non muovere i piedi!

Lo stesso vale per i bersagli multi-spot, come la tripla o il Las Vegas. Devi tirare nella stessa sequenza, ogni volta.

Ogni volta che lo fai ti serve di allenamento per la prossima, quindi perché cambiare?

18

Fai schifo nel tiro con l'arco perché... vai al campo, tiri fuori l'arco dalla borsa e cominci subito a sparare frecce nel paglione.

Non dovrebbe essergli successo niente dall'ultima volta che lo hai usato, quindi perché controllarlo?

Tanto tanto tempo fa, feci un viaggio molto lungo in aereo. Subito dopo presi la mia macchina fotografica di valore per fare alcune foto, e la maledetta era bloccata.

Mi costò un sacco di soldi scoprire che le vibrazioni dell'aereo avevano fatto allentare una piccola vite e questa aveva sbatacchiato all'interno della macchina, facendo incastrare qualcosa di importante.

Gli archi compound e anche i ricurvi moderni hanno molti pezzi tenuti insieme da viti. E le viti si allentano.

Quando vuoi scoprire che c'è qualcosa che non va? A metà di una gara? Durante uno shoot-off?

Ogni volta che tiri fuori l'arco dalla valigia, dovresti essere in grado di verificare velocemente che nulla si sia allentato o piegato.

Leggi il libro di Tom Dorigatti "ProActive Archery", per sapere come fare (il libro è grosso e non posso copiarlo tutto qua!

19

Fai schifo nel tiro con l'arco perché... credi nella magia.

Il carbonio è come la panna, rende tutto più buono. Già. "Nuovo" non vuole per forza dire "migliore". Non sono la stessa cosa.

Parlavo con un arciere l'altro giorno che mi diceva che doveva passare dalle frecce di alluminio a quelle in carbonio. Gli ho chiesto "Perché?" Lui mi ha risposto che la Easton stava per mettere fuori produzione le sue vecchie frecce, e gli sembrava che tutti le stessero cambiando, quindi un motivo ci doveva essere.

E io ho pensato: "ecco un altro lemming che si dirige verso il precipizio". Ho chiesto al tizio se avesse avuto qualche problema tirando le sue frecce al campo. "Certo che no!" mi ha risposto.

Il mio responso è stato che se si trovava bene con l'alluminio non c'era motivo di cambiare. Poteva passare ad un altro tipo di asta in alluminio con le stesse caratteristiche e si sarebbe trovato bene. "Davvero?" chiese. Davvero.

La maggior parte della gente cambia perché pensa che ci sia qualcosa di magico nelle cose nuove. In questo il golf è pure peggio del tiro con l'arco.

"Impara il 'colpo segreto' che aggiungerà 30-40 metri al tuo tiro!" oppure "Questo nuovo ferro colpisce la palla con velocità maggiore del 22% rispetto al nostro modello di 3 anni fa!" Bla, bla, bla. Questo è marketing!

Quello che la maggior parte dei golfisti non sembra notare è che i costruttori di bastoni hanno ridotto il loft allungando lo shaft. Un ferro 3 venduto ora ha lo stesso loft che aveva un ferro 2 di 15 anni fa. E i geni che progettano le mazze da golf le hanno rese anche più difficili da usare per i golfisti normali.

Golfisti esperti e macchine possono certamente colpire con questi ferri, ma non certo grazie a qualcosa di "magico".

La maggior parte dei golfisti non riesce ad usare un ferro 3, e sicuramente non può usare un ferro 2 etichettato come 3.

Ora, non dico che i costruttori di materiale per il tiro con l'arco si adeguino a queste tattiche nefaste, ma il loro lavoro è vendere nuovi materiali, e non dire in giro che anche la loro roba vecchia è altrettanto buona. Quindi anche loro, come chiunque, gridano "È nuovo, è migliore!"

Io dico solo che non esiste una definizione standard, o un test standard per... la precisione. E nemmeno ci saranno mai (non prendertela con i costruttori, non ci guadagnano niente).

Quindi la prossima volta che un arciere ti dice che le sue nuove fantastiche frecce in carbonio sono fenomenali, le migliori, chiedigli che frecce tirava prima (Ah, frecce fatte con pezzi di legno? Interessante...). Chiedigli quante altre marche-modelli di frecce ha provato per arrivare a dire che queste sono le migliori.

Non c'è niente di magico. Solo tu puoi capire se con un nuovo materiale lavori meglio che con quello vecchio. E che ne diresti di fartelo prestare per provarlo?

20

Fai schifo nel tiro con l'arco perché... credi di poter usare il tuo arco da caccia da 70 libbre per le competizioni Targa.

Mi chiedo come ti sentirai alla 112esima freccia... "Chiamate un dottore!"

All'ultima gara a cui ho partecipato, indovina chi ha vinto nella categoria Freestyle/Compound? Un vecchietto con un libbraggio al picco di 38#.

Diamine, un arco da 70# è eccessivo anche per la caccia, ma la pubblicità ha creato una situazione per cui quel particolare libbraggio è uno dei più richiesti da chi acquista un arco.

Con le frecce leggere che ci sono oggi, quei libbraggi non sono necessari e sicuramente non sono ideali per il tiro alla targa[1].

Un cacciatore esperto ha calcolato che usando delle frecce pesanti di alluminio, con un libbraggio un po' superiore a 50#, si potrebbe passare da parte a parte un cervo anche dopo avergli colpito una costola. Un arco da 70# *può* funzionare per la caccia, ma quante frecce tiri in una giornata di caccia? Le risposte più comuni sono: "nessuna" e "una".

Tirare alla targa invece richiede molte frecce, e aprire più libbre di quelle che servono non è un vantaggio.

Con un libbraggio molto alto ti stai solo stancando più del necessario.

Scarica l'arco, o meglio ancora, comprati un altro arco per tirare alla targa (so di arcieri di successo che lo hanno fatto con archi da 70#, ma non è detto che tu sia come uno di quegli arcieri).

Ovviamente sto parlando di arcieri compound, ma la stessa cosa vale per i ricurvi e i longbow.

L'ostacolo più grande a un'esecuzione solida e ripetibile è avere un libbraggio troppo alto. Lo vedo di continuo nei miei allievi di arco olimpico.

[1] Il regolamento tecnico FITARCO pone un limite massimo di 60# per la divisione Compound nelle gare di Tiro alla Targa [N.d.T.]

21

Fai schifo nel tiro con l'arco perché... credi che quello che funziona per "quell'arciere lì" debba funzionare anche per te.

Certo, esattamente come io devo lavorare al mio stacco dalla linea del tiro libero per effettuare la "schiacciata Windmill", perché funziona così bene per LeBron James.

Se devi proprio copiare da qualcuno, prova a copiare da qualcuno del tuo stesso sesso, altezza e livello di stabilità fisica.

Anzi, ho un'idea migliore! Il tiro con l'arco non è roba da scienziati della NASA.

Non ci sono segreti che tu possa imparare studiando i "campioni". Perché non provi ad essere il miglior arciere che puoi essere?

Evita di cercare di imitare qualcun altro. Sii te stesso.

22

Fai schifo nel tiro con l'arco perché... sei completamente irrealistico sulle tue possibilità di vincere.

"Psst... questa gara la puoi vincere, davvero". L'ho pensato un sacco di volte e... ho avuto torto, esattamente come te. Il pensiero standard funziona così: "Potrebbe capitarmi una di quelle giornate davvero buone, e tutti gli altri potrebbero non essere in forma e potrei batterli tutti". Pensare questo ti lascerà credere che i ricchi pensino ai tuoi interessi, che i politici faranno la cosa giusta, e che esistano le fate e i fantasmi!

Se vuoi sapere come stimare le tue effettive possibilità, ecco come fare.

Quali sono le mie possibilità?

La prima cosa da fare è capire che cosa può farti vincere la gara. Avendo la fortuna di avere internet, possiamo cercare i punteggi vincenti dell'anno scorso praticamente per qualsiasi gara (o meglio, il punteggio migliore negli ultimi 3 anni). Se non è disponibile, chiedi in società, al negozio di arcieria, ecc.

Una volta ottenuta questa informazione, puoi confrontare quel numero con il tuo punteggio medio.

Diciamo, per fare un esempio, che stiamo parlando di

un NFAA indoor da 300 punti e che gli ultimi 3 punteggi vincenti per la tua categoria sono stati: 286, 279 e 281. Ora, se il tuo score medio in allenamento è 264, con un massimo di 269 e un minimo di 254, il tuo punteggio medio è almeno 20 punti sotto la media dei punteggi vincenti degli ultimi 3 anni (283). Quindi non sei ancora in grado di vincere questa gara. Se il tuo score medio fosse 291, avresti ottime possibilità, ma non è così.

Per farla semplice, se il tuo punteggio medio è uguale al punteggio vincente, hai circa il 50% di probabilità di fare il punteggio vincente. Non significa che vincerai, ma puoi almeno aspettarti ragionevolmente di essere "in corsa".

Ma forse dovresti considerare che in gara fai 10 punti meno che in allenamento.

Come??? Non tieni traccia dei tuoi punteggi in allenamento e in gara? (ma come devo fare con te?)

Se vuoi avere aspettative ragionevoli sul fatto di essere o no in grado di vincere, devi tenere traccia dei punti (sia in gara che in allenamento) e confrontarli con una stima ragionevole di cosa servirà per vincere. Innanzi tutto, se i tuoi punteggi in allenamento e in gara non sono abbastanza buoni, devi lavorare perché lo siano, e ora hai un'idea di cosa voglia dire "abbastanza buoni" per competere.

Oppure, che cavolo, puoi continuare a vivere a Fantasilandia.

23

Fai schifo nel tiro con l'arco perché... quando perdi trovi delle scuse.

Se vuoi prenderti il merito quando vinci, devi fare lo stesso anche quando perdi.

Puoi dare la colpa al tuo materiale, ma chi, in particolare, deve occuparsi del tuo materiale?

C'è una sola persona che ha il completo controllo del tuo tiro con l'arco, e quella sei tu. Se vuoi prendertela con qualcuno, prenditela con lo scemo che ha la responsabilità!

Io conosco un famoso compoundista professionista che si fa le corde e i cavi da solo perché non vuole che nessun altro sia responsabile delle sue performance. Se un cavo si allenta e gli costa un punteggio, vuole che sia colpa sua.

Essere responsabile significa che devi pensare a tutto e preoccuparti di essere sicuro che stai facendo tutto il possibile per vincere. Se trovi delle scuse, stai semplicemente perdendo un'opportunità di imparare come si fanno le cose nel modo giusto.

La prossima volta che hai voglia di dare la colpa a qualcuno o a qualcosa per quello che è andato storto, fai questo piccolo esercizio. Scriviti cosa pensi che abbiano fatto per costarti quello che hai perso. Poi immagina cosa avresti potuto fare tu per evitare il problema. Ora chi vuoi essere: quello a cui succedono le cose, o quello che le anticipa e fa qualcosa per evitarle? Ovvio, no?

Renditi conto che non sto dicendo che "certe cose non possano succedere per caso". Ho visto ragazzi sanguinare copiosamente perché il loro compound si era spezzato in trazione e i pezzi gli erano volati in faccia. Non era colpa loro. Ma l'esito di qualsiasi cosa prevedibile è colpa tua, se decidi che sia così.

Questo è ciò che fanno i vincenti.

24

Fai schifo nel tiro con l'arco perché... mentre tiri, ti insulti... e ti ascolti.

Ci sono un sacco di volontari quando si tratta di parlar male del tuo modo di tirare. Se ti unisci a loro, hai perso.

Lascia che ti chieda una cosa: preferiresti essere come quell'arciere che si presenta in gara sprizzando fiducia o come quello che dubita del suo materiale e del suo tiro?

Solo un cretino sceglierebbe di essere come il secondo (ehi, forse è questo il tuo problema!) ma io ho visto più di un arciere arrabbiarsi per una freccia balorda e sparare a zero contro se stesso, trasformandosi dal primo tipo di arciere nel secondo.

Ecco cosa si intende per "dialogo interiore", essenzialmente quello che dici a te stesso su te stesso. Nient'altro che questo. Non devi pensare ad astrusi ragionamenti psicologici sulla negatività o altro. E' solo questo. Il tuo subconscio non sa distinguere tra le cose cattive che dici a te stesso su te stesso e le cose cattive che dicono gli altri.

Ascoltare qualcuno che parte per la tangente su quanto tu sia idiota non ti mette proprio nello stato d'animo migliore per produrre i tuoi risultati migliori. Quindi, non fare questo a te stesso.

Se succede qualcosa che influisce negativamente sul tuo punteggio o sul tuo posto in classifica, qualsiasi cosa, e l'origine di questo sei chiaramente tu, prendersela non aiuta.

Se sei ancora all'inizio della gara, può esserci abbastanza tempo per recuperare un po' di punti, e perché i tuoi avversari ne perdano un po', ma non hai l'opzione di continuare a mandare tutto in vacca, quindi correggi il tuo errore e vai avanti. Serve da allenamento per la prossima volta!

Inoltre, non dimenticare che sei un modello per i tuoi fans, comunque.

Fai schifo nel tiro con l'arco perché... pensi che basti impegnarsi di più.

C'è una grande differenza tra "tirare una freccia" e "lasciare che una freccia vada come vuole".

Indovina quale approccio porta sul podio del vincitore?

Il leggendario coach John Wooden era solito prendere in giro la gente che diceva di "dare il 110%".

Secondo lui, non si può dare ciò che non si ha, quindi il 100% è il massimo che si possa fare. Il vero segreto, secondo Wooden, era capire come ottenere quel 100% in maniera *consistente*. Aha! In cosa pensi che consista "impegnarsi di più"? Come lo fai, da arciere?

Io credo che per te la cosa migliore sia considerare "impegnarsi di più" uguale a "rovinare tutto", perché in genere è questo che ottieni.

Quando commetti errori, hai bisogno di imparare a rilassarti e tornare alla tua sequenza di tiro, non a "impegnarti di più". Per questo è utile avere quello che si chiama un "programma di recupero".

Un "Programma di recupero" ti aiuterà quando le cose vanno male

Ecco un esempio di cosa devi fare: per prima cosa, smettere di pensare all'errore. Devi pensare a qualcos'altro, un Chihuahua verde, un calciatore in tutù, qualsiasi cosa che possa allontanare la tua mente dalla frecciaccia che hai appena tirato.

Poi devi fare qualcosa di fisico, come scuotere le frecce nella faretra, o tamburellare sull'arco o regolare il binocolo, un gesto fisico che ti porti fuori dall'ambito mentale, e poi devi iniziare il processo per tirare la prossima freccia.

Se usi delle frasi ricorrenti, come "braccio dell'arco forte" o "lasciala andare, fai il tuo gesto", queste frasi possono portarti mentalmente verso la prossima freccia.

Secondo Troy Bassham della Mental Management Systems, questo processo deve durare almeno 7 secondi, quindi non precipitarti a tirare la prossima freccia pensando di spazzare via il ricordo dell'errore con l'immagine di un bel tiro (questo ti fa solo ripetere l'errore).

Resettarsi mentalmente richiede un po' di tempo. Quando le cose vanno male, esegui la tua strategia di recupero, e torna in carreggiata.

Io raccomando a tutti i miei allievi di iniziare ogni sessione di tiro con due cose:

- scendere un paio di volte (per ricordarsi che scendere è sempre un'opzione) e
- tirare una freccia volutamente circa il 10% più lentamente di come farebbero normalmente. Questa seconda attività è un primo tipo di programma di recupero fisico.

Quando ti serve un programma di recupero, non è meglio se lo hai provato di recente? (il riscaldamento del tiro si sposta velocemente da tiri più lenti e determinati verso tiri più fluidi a tempo normale).

Quello che stai facendo ora è pensare a cose a cui non vuoi pensare – ovvero a cosa succede quando le cose vanno male. Ma se non lo fai in anticipo, ti troverai inchiodato a cercare di farlo, da zero, ogni volta che qualcosa va male.

Quindi, spendi un po' di tempo a sviluppare e provare la tua routine di recupero. Ti darà qualcosa di positivo e costruttivo da fare quando le cose andranno male… invece di fare qualcosa di stupido come "impegnarti di più"… qualsiasi cosa voglia dire.

→ 26 ←

Fai schifo nel tiro con l'arco perché... pensi che un po' di pancia sia solo una stabilizzazione in più.

Se pensi che ciò che straborda dalla cintura della tua faretra sia un vantaggio competitivo, mi devi spiegare come. Forza, ti ascolto. Io sono uno di quelli che hanno quel tipo di circonferenza, ma ehi, ho più di 65 anni e sulla linea di tiro non sono più una minaccia per nessuno. Di solito scherziamo sulla pancia, chiamandola "la zavorra dell'arciere" che contribuisce a stabilizzare anteriormente la postura. Bene. Non sto dicendo che devi essere in piena forma fisica, che devi fare palestra e perdere peso ecc., ecc . . . Ma dai un'occhiata a quelli che vincono sempre. In genere sono abbastanza in forma. Essere fisicamente in forma significa che ti stanchi più lentamente, che le tue pulsazioni restano basse (o almeno più basse) quando sei sotto pressione, che sei in grado di concentrarti meglio per periodi più lunghi.

Volevo solo dirtelo.

27

Fai schifo nel tiro con l'arco perché... mentre gareggi pensi allo score.

E in che modo esattamente pensi che questo pensiero ti aiuti nella prossima freccia? Per favore dimmelo (sarebbe davvero interessante).

Le gare buone distrutte pensando ai punti sono veramente più di quante tu possa immaginare. Se non fosse capitato a te, saresti davvero un caso strano. Pensare ai tuoi punti o a che posizione potresti raggiungere in classifica, o che stai vincendo, o . . . qualsiasi altra cosa che non sia tirare bene, uccide le prestazioni.

Ogni atleta di successo ti dirà questo, e quasi tutti lo hanno imparato dalla loro esperienza personale.

Il motivo è che questi pensieri sono distrazioni. Non c'è nulla in questo che ti possa aiutare a fare quello che serve per realizzare questi desideri, ovvero tirare bene.

Per riuscire, e non fare schifo nel tiro con l'arco, devi essere "presente" non solo nel momento in cui tiri, ma anche tra una freccia e l'altra, tra una volée e l'altra, durante le pause, ecc.

Questo significa che pensare a qualsiasi altra cosa, soprattutto alle favole che ti racconti sui tuoi "mega punteggi" o "finire alla grande" o "stracciare tutti", rovinerà le tue speranze.

Fai schifo nel tiro con l'arco perché... odi tirare col vento (col caldo, con la pioggia, ecc.)

Non ti deve piacere per forza (che sia vento, caldo, pioggia o altro), ma è indipendente da quello che pensi tu e ha impatto su tutti gli arcieri allo stesso modo, beh, tranne quelli che si arrabbiano, su questi ha l'effetto peggiore.

Non sto dicendo che ti deve piacere tirare col vento, ma solo che non devi detestarlo. Lo stesso vale per il caldo eccessivo, la pioggia, ecc.

Una parte di questo si gestisce con la preparazione. Se ti sei allenato col vento, la pioggia, o quello che è, sai cosa fare.

Sai se contromirare oppure usare la bolla del tuo mirino per adeguarlo al vento. Hai sistemato il mirino per esercitarti a contromirare.

Hai provato la tua attrezzatura da pioggia e ti sei assicurato che la corda non tocchi la manica al rilascio. Ti sei portato degli elastici spessi per stringere il tessuto della manica nel caso sporga. Sei preparato.

Hai anche preparato il tuo atteggiamento. Immagina di stare divertendoti tirando bene a una gara che di solito ti piace. E poi il cielo si oscura, e comincia piovere. Ci sono due possibili reazioni al cambio di tempo:

Atleta 1: "Oh no, odio tirare con la pioggia! Mi fa perdere punti! Non farò il mio record, e nemmeno vincerò la gara!"

Atleta 2: "Oh, meno male che ho la roba da pioggia fuori; sono contento di essermi preparato. Probabilmente non farò un record, ma posso ancora vincere, soprattutto se le due persone che mi stanno davanti in classifica si innervosiscono per la pioggia."

Siamo tutti capaci di provare il disappunto, disgusto e paura associati ai pensieri dell'Atleta 1.

Siamo anche tutti capaci di imparare a pensare come l'Atleta 2, con il suo apparente entusiasmo (arrivato preparato, potrei vincere) e ragionevole logica (se i due davanti a me si arrabbiano per la pioggia).

Ho detto che un buon atteggiamento aiuta, no?
Foto di Claudia Stevenson

Questa è la domanda che vi dovete fare: che arciere/ arciera preferisco essere?

E' così difficile? Io non credo.

Steve Ruis

Sezione 2

Come creare un Programma Mentale da Paura

Come creare
un Programma Mentale da Paura

Introduzione

Quando Chance Beauboeuf vinse il Vegas Shoot per la seconda o terza volta (non ricordo quale), gli chiesero quale fosse la sua qualità più forte. Lui rispose che era "il suo programma mentale". Non il suo arco. Non lo sgancio. Non la stabilizzazione. Non le corde.

Lo so che la sto tirando in lungo, ma tutti i suoi sponsor dichiarano che il loro particolare materiale sia stata la ragione della sua vittoria. Ma Chance dice la verità – essere capace di eseguire tiri quasi perfetti più e più volte richiede di avere una mente forte.

Allora, come si ottiene un "programma mentale forte"?

Mi fa piacere che tu lo chieda, perché il fatto di non averne uno è la prima ragione per cui fai schifo nel tiro con l'arco.

E' arrivato il tempo, amico – No, intendo proprio il Tempo

Probabilmente stai pensando che è tempo che io ti parli di cosa serve per un programma mentale forte, ma, come dice il titolo di questa sezione, è tempo che tu impari l'approccio mentale, mentre io ho bisogno di parlare del . . . tempo. Perché è molto, molto importante.

Lasciami fare un esempio.

Immagina di aprire il tuo arco e mantenere la tua postura, con l'arco aperto, per diciamo 2 minuti. Probabilmente tra i 20 e i 30 secondi stai già pensando di spararmi per averti suggerito questo esercizio senza senso.

Non mi interessa l'esercizio in sé, ma mi serve per farti capire che il tempo è importante. Una volta che hai alzato l'arco per tirare una freccia tu inizi ad usare energia muscolare ad una maggior frequenza (nei muscoli che si usano per tirare, ovviamente).

Se stai su troppo a lungo questi muscoli non funzioneranno bene come vorresti e i tuoi tiri saranno scarsi. Qui sotto ti mostrerò come scoprire il tempo di tiro migliore per te, ma il punto è che il tempo che ci metti a tirare una freccia è importante.

Ugualmente importante è dove poni la tua attenzione. A questo serve la tua sequenza di tiro. Prima poni attenzione nel metterti in posizione, poi poni attenzione nell'incoccare la freccia, e così via.

Se ti ritrovi in ancoraggio e stai ancora pensando alla posizione, farai un bel tiro? La maggior parte della gente direbbe di no, e avrebbe ragione. Quindi la tua attenzione deve passare sulla posizione, poi dalla posizione a incoccare la freccia, poi dall'incoccare la freccia al posizionamento delle mani. . . , e così via.

E la tua attenzione è limitata. La tua attenzione si sposterà dopo pochi secondi, quindi devi crearti una lista di cose per stabilire l'ordine in cui l'attenzione si sposta (la sequenza di tiro).

E non puoi tergiversare, perché cosa succede, ad esempio, alla tua posizione quando sei in ancoraggio? Se pensi che sia "sistemala e dimenticala", ti sbagli.

Io ho guardato migliaia di arcieri tirare e, se fai molta attenzione, puoi vedere che succedono un sacco di cose non volute. Vedo arcieri in ancoraggio con le anche che si aprono, o si chiudono, con la spalla dell'arco che si alza, con il gomito della corda che si abbassa.

Noi compoundisti, siccome passiamo così tanto tempo con l'arco aperto, siamo soggetti a un sacco di cedimenti della posizione che si insinuano mentre non ci facciamo caso (Quando hai l'arco aperto sei concentrato sulla mira vero? Bene, quindi non stai facendo attenzione alle anche, o ai piedi. Succede anche a me, non sono immune).

Quindi la tua attenzione è limitata, la tua capacità di concentrazione è limitata, per questo se tieni corto il tempo, minimizzi le fluttuazioni delle parti del corpo che stanno facendo il loro dovere.

Tuttavia non possiamo nemmeno tirare troppo in fretta. Pensate di strattonare la corda invece di tirarla indietro in modo forte e costante. Quando strattoniamo, usiamo muscoli voluminosi e facciamo movimenti convulsi che ci mettono tempo a calmarsi e dobbiamo usare energia supplementare per rimettere il mirino sul bersaglio perché non c'è verso di tenercelo se strappiamo la corda. Fare le cose troppo in fretta è dannoso tanto quanto muoversi troppo lentamente.

Quindi, il tempo deve far parte dei tuoi pensieri… sempre, e di conseguenza deve far parte del tuo programma mentale.

Ma aspetta, c'è dell'altro . . .

Prima di spiegarti come creare il tuo programma mentale, è importante che tu capisca alcuni fondamentali su come lavora la tua mente (Ehi, nulla di tutto questo è completamente noto, soprattutto quando si tratta di te; questo è solo la miglior comprensione ad oggi)

Il tuo conscio allena il tuo subconscio.

Un punto chiave nel capire un programma mentale per

il tiro con l'arco sono i ruoli distinti della mente conscia e di quella subconscia (ancora non capiamo cosa si intenda per mente, ma non per questo è meno utile).

C'è un detto: "la consapevolezza di sé è nemica della prestazione". Se ti ricordi come è stata la prima volta che hai imparato ad allacciarti le scarpe, ad andare in bicicletta o a guidare una macchina, capisci cosa voglio dire (Io sono ancora convinto di aver fatto staccare da terra tutte e 4 le ruote la prima volta che ho provato a lasciare la frizione sulla macchina di mia mamma!).

Quando sei pienamente e consciamente impegnato in un compito che non ti è familiare, è un po' come tenere insieme un branco di gatti, ti ritrovi molto impacciato e goffo.

Ma, una volta che hai imparato come fare queste attività, esse passano sotto il controllo del subconscio e praticamente non richiedono più alcuno sforzo.

Ci sono alcune cose che hai bisogno di sapere sul ruolo di queste due "menti" nell'imparare a tirare frecce in modo consistente.

La mente conscia

La mente conscia non è altro che l'insieme dei tuoi pensieri nel modo in cui tu ne sei consapevole. La tua mente conscia è molto potente ma anche molto limitata. Puoi impegnarti sul serio in una sola cosa alla volta consciamente, il che ti dà la capacità di concentrarti, uno strumento molto potente.

Ma spesso succede che le nostre più grandi forze si rivelino come delle debolezze. Se noi ci lasciassimo completamente ipnotizzare da ciò su cui ci stiamo concentrando, probabilmente non saremmo sopravvissuti a lungo perché i predatori (leoni, tigri, e orsi) ci avrebbero acchiappato mentre sognavamo ad occhi aperti.

Siccome non possiamo concentrarci troppo a lungo su una sola cosa e allo stesso tempo sopravvivere, è normale che la nostra concentrazione conscia tenda a guizzare qua e là.

Per esempio, concentra la vista su un piccolo oggetto da qualche parte vicino a te, cerca di mantenere l'attenzione, la tua concentrazione su quella cosa. Se hai scelto qualcosa di dimensioni tali da non poterlo mettere a fuoco tutto insieme, probabilmente i tuoi occhi continuano a muoversi per guardare l'oggetto intero, ma anche se guardi qualcosa di piccolo, troverai sempre più difficile concentrare la vista solo su quell'oggetto. E' come se il tuo cervello ti dicesse "Ok, ho capito, amico; ora spostati, è pericoloso".

Puoi esercitarti a focalizzarti – prendi un oggetto piccolo come uno sgancio o una patelletta e concentrati su di esso. Cerca di guardare tutto, le caratteristiche, il materiale, ecc. Quando la tua mente si sposta su qualcos'altro, hai finito. Cerca di estendere la durata del tempo in cui ti concentri su una sola cosa. Ci sono dei limiti, ma puoi migliorare, se ti eserciti.

Dovresti anche aver notato che tutte le altre informazioni che i tuoi occhi ricevevano erano confuse. Puoi vedere chiaramente solo in un cono di circa 10 gradi. Fuori da quel cono, fino ai limiti della tua visione periferica (spesso più di 180 gradi) la tua visione non è affatto nitida. Se l'oggetto di tuo interesse si estende oltre quel cono di nitidezza, i tuoi occhi guizzeranno da un lato all'altro, da una parte all'altra dell'oggetto, continuamente.

Ora, la brutta notizia non era questa, la brutta notizia è che il tuo "conscio" non può fermarsi su un singolo pensiero per più di circa 9 secondi.

Prova. Immagina un pallone viola o un ippopotamo in

tutù, o qualche altra cosa, e trattienilo nella tua mente intanto che qualcuno ti cronometra.

Quando un altro pensiero entra nella tua mente, chiedi il tempo e vedi quanto a lungo sei riuscito a concentrarti. Tipicamente questo sarà meno di 9 secondi e spesso molto meno.

Almeno adesso hai un motivo per cui i tuoi compiti facevano schifo quando andavi a scuola. Se ti trovi davanti un problema e non hai un'idea di cosa fare dopo, la tua mente comincerà a vagare. Studiare, e tutte le altre discipline mentali, consistono nel dominare l'arte di trattenere la mente sul compito, senza lasciarla divagare su qualcosa di più piacevole.

Il subconscio

Per farla semplice, chiamiamo "subconscio" l'insieme di tutte le capacità mentali che operano quando tu non sei cosciente di esercitarle.

Considera allacciarti le scarpe. A cosa pensi quando ti allacci le scarpe? Fondamentalmente a quello che ti pare, perché non hai bisogno di pensare consapevolmente ad allacciarti le scarpe.

Un altro esempio è quando guidi la macchina. C'è molto poco di conscio nel guidare una macchina. Pensa se dovessi girare il volante consapevolmente: un po' a sinistra, un po' di più, no, torna a destra, ora ancora a sinistra... argh, ti tirerebbe scemo!

Il tuo subconscio sembra essere capace di gestire un gran numero di cose molto più velocemente e con molta meno fatica di quanto non faccia la tua mente conscia.

Ecco un confronto tra le capacità delle due "menti":

La tua mente conscia	La tua mente subconscia
Può fare una sola cosa alla volta	Può fare centinaia di cose contemporaneamente
Tende ad essere quella che prende la tua decisione finale (o almeno sembra)	Influenza le tue decisioni
Ha l'ultima parola in materia di giusto e sbagliato	In ogni caso... indovinerà per te
Dice al subconscio cosa imparare	Impara esattamente quello che le viene insegnato, ma non quello che pensi tu
Agisce sull'informazione presentata dal subconscio	Filtra le informazioni non necessarie / evidenzia le informazioni interessanti
E' pesantemente concentrata su se stessa	Non distingue ciò che è reale da ciò che è immaginario
E' relativamente lenta	E' veloce come un fulmine

Le implicazioni per il tiro con l'arco Siccome i compiti ripetitivi si trovano nel dominio della mente subconscia, dobbiamo essere noi che alleniamo il nostro subconscio ad eseguire il nostro tiro.

Gli antichi Greci avevano un modo di dire: "La ripetizione è madre dell'apprendimento" e questo vale sicuramente per il tiro con l'arco, ma ora fai attenzione. Se tu andassi al campo ogni giorno e mettessi le cuffie e tirassi per due ore, questo ti renderebbe un arciere migliore?

Molti risponderebbero "si", ma la risposta è "no". Saresti un arciere più forte perché svilupperesti i muscoli che usi per tirare, ma saresti un arciere migliore? Uhm, no (amico, almeno togliti le cuffie mentre stai leggendo qui, che diamine!).

Per allenare il tuo subconscio a tirare bene e solo bene, devi concentrarti su ciò che differenzia un tiro buono da uno cattivo.

Devi rinunciare a ogni freccia che si allontana dalla tua sequenza di tiro (la Regola della Disciplina) e devi correggere tutti gli errori che ti capitano.

La cosa peggiore che ti possa capitare è che una freccia tirata male vada nel giallo. Sono sicuro che ti sei sentito sollevato dopo aver tirato una freccia chiaramente sbagliata che ha fatto un buon punteggio. Bene. E adesso? Hai appena detto al tuo subconscio che improvvisare va bene fintanto che il risultato è buono. Questo è male… molto male. Devi stare in guardia, perché il tuo subconscio ha una sua "agenda". Uno dei suoi compiti è tenerti vivo conservando per te le tue energie. Se qualche attività può essere fatta risparmiando energie, significa che serve meno cibo per mantenerti vivo… una buona cosa. Di conseguenza, se hai sbagliato una freccia e questo ha richiesto meno energia rispetto a una freccia giusta, è una doppia sfortuna; il tuo subconscio sarà ansioso di rifare questo tiro nuovo e più efficiente, quindi migliore (nel senso che richiede meno energie). Solo negli ultimi anni si è capito che il subconscio apparentemente approccia ogni compito come se fosse, almeno in qualche sua piccola parte, nuovo (questo per lo stesso motivo per cui non puoi concentrarti su una sola cosa per più di pochi secondi; se il subconscio potesse essere perfettamente programmato per eseguire quello stesso compito più e più volte, i predatori imparerebbero a scatenare quel comportamento e poi, sapendo esattamente quale sarebbe la risposta, si godrebbero a cena la loro preda – cioè te!).

Quindi, devi *consolidare* quello che è un buon tiro

ancora e ancora, perché mai e poi mai diventerà completamente automatico. Lo ripeto un'altra volta: devi consolidare quello che è un buon tiro ancora e ancora, perché mai e poi mai diventerà completamente automatico. Potrei ripeterlo ancora, ma credo che tu abbia capito. E' molto importante!

Consolidare quello che è un buon tiro si fa emotivamente.

Hai capito bene, hai bisogno di usare le tue sensazioni, quindi rispolverale e assicurati che siano ben pronte. Quando tiri bene una freccia, devi averne una buona sensazione. Quando tiri male una freccia, devi avere una sensazione di rifiuto (disapprovazione).

Ma queste non devono essere emozioni forti! Andare in giro saltellando e battendo il cinque a tutti per ogni buon tiro che fai ti sfinirebbe in fretta (e probabilmente ti farebbe prendere a calci dagli altri arcieri).

L'approvazione e la disapprovazione devono essere moderate. I miei modelli emozionali sono: per l'approvazione – Il signor Spock ("Affascinante") e per la disapprovazione – una maestra di pianoforte zitella ("Così non andava bene, caro, rifallo da capo").

Sentire un'emozione *forte* su una freccia brutta porta anche di più l'attenzione del subconscio su quell'evento (Certo, lo so che tu non lo hai mai fatto, intendo dare in escandescenze perché hai tirato male una freccia; è così infantile! Noi adulti maturi non facciamo queste cose, vero??)

Quando te la prendi a male per aver fatto un tiro scadente, hai appena trasformato quel tiro scadente in una "cosa importante". Ora è così importante che il tuo cervello la sposta dalla memoria a breve termine, dove si sarebbe semplicemente dissolta, in quella a medio-lungo termine, dove sarà ricordata. Grandioso! Ora hai in memoria un modello per tirare male una freccia! Non farlo!

Questa è una forma di imprinting che effettivamente rende quell'errore facile da ripetere! Hai bisogno di concentrarti *con calma* su cosa c'è di buono e cosa no in ogni singola freccia che tiri.

Questo prende la forma di approvazione calma o disapprovazione calma, e ogni tiro deve essere rinforzato in questi termini.

E allora, ascoltare musica con le cuffie mentre tiri? Non è una buona idea perché può solo distrarti e/o, peggio, provocare risposte emotive che non hanno niente a che vedere con le frecce che stai tirando. Puoi tirare male una freccia dietro l'altra mentre la musica ti fa stare bene (Attenzione – PERICOLO – Attenzione!). Ascoltare musica che non ti piace può essere un buon esercizio per imparare come concentrarsi in presenza di distrazioni, ma questo deve essere fatto solo a piccole dosi. Tirare mentre si è distratti non va bene.

Tirare quando sei stanco non va bene, tranne pochi casi in cui fare questo ti può aiutare a capire come lottare con la fatica (Sembra strano, ma se sei stanco o deconcentrato, puoi scrollarti queste cose di dosso mentalmente. Prova!).

Siccome tu alleni consciamente le tue capacità subconscie, e ti puoi concentrare solo su una cosa alla volta, *l'allenamento nel tiro con l'arco deve concentrarsi su una sola cosa alla volta.*

Se stai cambiando i materiali, o la postura o il gesto... devi lavorare su una sola cosa alla volta... una sola (e se non lo accetti, te lo ripeterò ancora!)

Un altro segreto è che quando ti eserciti devi valutare ogni esercizio *solo sull'aspetto specifico per il quale lo stai facendo*! Se stai lavorando sulla mano dell'arco e accidentalmente spari una freccia nel soffitto ma con un'ottima mano dell'arco, questo è un buon esempio! Non puoi allenare la mano dell'arco e giudicare la mano della corda!

Oltretutto, concentrandoti un po' di più su una parte del tuo tiro trascurerai altre parti, quindi nessuno si aspetta che tu faccia anche tutto il resto perfettamente!

Questo è il motivo per cui la maggior parte degli esercizi si fanno senza targa. Il bersaglio dà dei feedback che gli arcieri non riescono ad ignorare (Ma col bersaglio è più bello! Sì, amico, lo so) E il riscontro che ti dà il bersaglio non ha niente a che vedere con l'esercizio che stai facendo. Toglilo quando ti eserciti.

L'allenamento deve essere preciso e mirato su quello che stai facendo, e solo su quello. La tua sequenza di tiro fornisce una struttura per il tuo programma mentale e tu ti devi concentrare sull'esecuzione continua di quella.

Il beneficio a lungo termine è che una volta che hai costruito il tuo tiro e ti ci sei esercitato a casa, per rimanere preciso ti servirà meno allenamento di quello che ti è servito per costruire il tuo tiro inizialmente.

Okay, e ora...

Okay, ecco come si crea un Programma Mentale da Paura. E tanto per fartelo sapere subito, io non ti posso dare un programma mentale, nessuno può. Quello che funziona per qualcuno non funzionerà necessariamente per te. Devi provare un sacco di cose per capire cosa funziona per te, e poi ti ci devi allenare.

Davvero, se qualcuno ti dice "Ecco cosa bisogna fare mentalmente... ." e tu lo fai, potrebbe funzionare. Ma funzionerà al meglio per te? Non lo saprai finché non avrai provato.

Ti suona familiare?

Ti suona simile al discorso sui materiali?

Ti suona simile al discorso sulla tecnica?

E' esattamente così.

Gli Strumenti Gli strumenti mentali più comuni che servono agli arcieri sono: la consapevolezza, il dialogo interiore positivo, gli obiettivi (di metodo e di risultati), le affermazioni, e la visualizzazione mentale. Eccone le descrizioni in breve:

La Consapevolezza Considera tutte le cattive abitudini che hai avuto: all'inizio non sapevi di farlo, ma, una volta che te l'hanno fatto notare, prima ti sei accorto che lo avevi fatto, poi te ne sei accorto mentre lo stavi facendo, poi te ne sei accorto subito prima di farlo – e solo a questo punto hai potuto correggerlo, non prima.

Questo vale per tutto. Prendere consapevolezza di un problema implica esserne cosciente nello spazio e anche nel tempo.

Prendere consapevolezza del tuo corpo nello spazio è veramente, veramente importante, perché tu non ti puoi vedere mentre tiri (No, amico, non sto parlando dello spazio cosmico, sto solo parlando di essere cosciente del tuo corpo nello spazio intorno ad esso).

Devi essere in grado di ripetere un tiro per sentirne e vederne ogni parte subito dopo aver tirato (le memorie delle sensazioni spariscono in circa 30 secondi, quindi devi essere veloce). Se non riesci a fare questo, ti ci devi esercitare.

Se non sei cosciente di quello che fai mentre tiri, non hai alcuna chance contro gli arcieri che lo sono. Quindi, durante gli allenamenti, vedi se riesci a ripetere ogni tiro nella tua mente subito dopo aver tirato.

Se non ci riesci, continua a provarci fino a quando ci riesci (Ce la puoi fare, amico, yesssss!).

Il Dialogo interiore (Self-Talk) positivo Il dialogo interiore positivo è semplicemente l'essere positivo in tutti i commenti che dirigi verso te stesso. "Sono proprio un idiota!" è un esempio di dialogo interiore negativo.

"Ce la posso fare" è un esempio di dialogo interiore positivo. Come dice il vecchio detto: "Che tu pensi di farcela o di non farcela… avrai comunque ragione!" (Questa citazione viene associata ad Henry Ford, e se lo ha detto quel vecchio farabutto, forse un senso ce l'ha).

Devi davvero sorvegliare il tuo dialogo interiore. Una buona abitudine è quella, ogni volta che ti sorprendi a dire qualcosa di negativo su te stesso (che sia ad alta voce o in silenzio nella tua testa), di rigirare la frase in qualcosa di positivo.

Normalmente il dialogo interiore arriva quando stai tirando bene e tutto va a meraviglia, e poi qualche pensiero negativo arriva all'improvviso nella tua testa, un pensiero come quando guardando nel binocolo vedi una freccia abbastanza bassa da essere fuori dalla riga del 10 e pensi "Ecco, ci risiamo!"

Forse la freccia è fuori o forse è dentro, ma una freccia non indica una tendenza. Una frase positiva per sostituire quel pensiero potrebbe essere "Non mi aspettavo di tirare alla perfezione oggi, ed è sempre un buon segno quando i miei errori sono di lieve entità. E comunque potrebbe anche essere dentro".

Svelto, amico, se ti viene in mente un pensiero negativo, cosa fai? Cosa? Scendi? Bravo!

La Regola della Disciplina prevede che tu scenda se nei tuoi pensieri c'è una qualsiasi interferenza rispetto al tiro, e un pensiero negativo decisamente lo è (sono fiero di te!)

I pensieri negativi vengono inculcati dentro la nostra testa dal momento in cui nasciamo e non possiamo aspettarci che smettano proprio mentre stiamo tirando.

Quando ti viene un pensiero negativo, devi prenderti una pausa mentale, poi riscrivere quel pensiero in chiave positiva e pensarlo con un po' di coinvolgimento.

Esercitati a fare questo quando... beh, quando sei sveglio (cioè sempre, amico, praticamente sempre). Se ti eserciti solo mentre tiri, il tuo crogiolarti nei pensieri negativi per il resto del tempo renderà questo esercizio praticamente inutile.

Gli Obiettivi (di metodo e di risultati) Gli obiettivi sono ovviamente qualcosa per cui ti impegni. La differenza qui è che gli obiettivi di risultato sono fine a se stessi: gli arcieri li usano per creare un percorso verso il successo (voglio vincere quella gara locale, poi una gara più importante, poi diventare campione regionale, poi vincere i campionati nazionali, ...)

Gli obiettivi di metodo sono obiettivi che descrivono "come" arrivare a un fine, che è quello di ottenere un risultato. Ad esempio, "avrò un braccio dell'arco forte in ogni tiro di questo allenamento" è un obiettivo di metodo.

Gli obiettivi di metodo sono "come" ti alleni.

Per far sì che un obiettivo di metodo funzioni per te, prendi una pagina del tuo quaderno e scrivi l'obiettivo in cima alla pagina. Fai una lista di numeri fino a fine pagina, uno per ogni volée. Dopo ogni volée segna (puoi usare delle semplici spunte) quante frecce in quella volée sono state tirate secondo il tuo obiettivo (ad esempio "avere un braccio dell'arco forte"...) Poi, prima di tornare sulla linea di tiro, rileggi l'obiettivo di metodo in cima alla pagina. In questo modo, l'obiettivo di metodo viene rinforzato ad ogni volée in modo da non essere dimenticato nella foga della gara, oops, dell'allenamento (entrambi, in realtà).

Non lo dirò mai abbastanza, se hai un obiettivo di metodo devi valutare ogni tiro e segnare per iscritto "come lo hai fatto" alla fine di ogni volée.

Non è sufficiente avere un obiettivo, bisogna misurarlo continuamente per dare a quell'obiettivo l'importanza di cui ha bisogno per essere raggiunto. Questo è il modo in cui ti devi allenare.

Le Affermazioni Le affermazioni sono frasi in cui tu affermi una certa convinzione. Ripeterle può aiutarti a generare queste convinzioni.

Un esempio di affermazione è: "Mi piace la pressione della gara; significa che sto per vincere!"

Le Tecniche di Visualizzazione o Immaginazione o (Imagery) La Tecniche di "Imagery" consistono nell'usare la propria immaginazione per "aiutarsi" a tirare. Si usano soprattutto durante la propria sequenza di tiro, immaginando un tiro perfetto prima di tirare; quando qualcosa ti innervosisce durante la gara, puoi immaginare di stare tirando a casa, o in un altro posto tranquillo, per calmarti.

La maggior parte delle persone usa le visualizzazioni o l'immaginazione per imprimere nella propria mente come deve essere un buon tiro e che sensazioni deve dare (il rumore, ecc., e più sensi sono coinvolti e meglio è) subito prima di tirare ogni freccia, basandosi sulla convinzione che sia più facile replicare un'attività complessa che non farla da capo.

Questo si basa sull'idea che il subconscio non riesca a distinguere tra ciò che è reale e ciò che è immaginato intensamente.

Se stai morendo dalla voglia di sapere la differenza tra visualizzazione e immaginazione, te la spiego (se no, salta alla prossima sezione).

Secondo gli psicologi la differenza è che le visualizzazioni implicano solo il senso della vista ("visuale"). L'immaginazione coinvolge tutti i sensi che usate per immaginare: vista, udito, olfatto, baracca e burattini.

Ovviamente gli psicologi hanno un sacco di tempo da perdere. Ma seriamente, più sensi sono coinvolti in un esercizio mentale, più è facile ricordarlo, quindi forse un po' di ragione ce l'hanno. Io preferisco l'immaginazione.

La tua sequenza di tiro In questo elenco di base ho incluso anche la tua sequenza di tiro perché fornisce una struttura non solo per il tiro fisico, ma anche per il tuo programma mentale (mentre tiri).

Una sequenza di tiro è la sequenza di step che intraprendi per eseguire un tiro. Può essere semplice come "1) Tendi, 2) Rilascia. . . ." fino ad avere anche più di due dozzine di passi (vedi il capitolo 9).

Fornisce un percorso passo-passo per la tua attenzione cosciente durante un tiro (ma non contare gli step mentre tiri, ti distrarresti troppo. Le sequenze di tiro servono per allenarsi e trovare gli errori, non sono una checklist per tirare una freccia).

Il Metodo

Ecco come puoi creare il tuo personale programma mentale (Il famigerato Programma Mentale da Paura, ancora lui! Ehi, chi sei e cosa ci fai nel mio libro?)

Ci vuole un quaderno Coraggio dai, c'è troppa roba da ricordare! E' vero, alcuni lo fanno senza scrivere niente. Ma perché fare le cose difficili solo perché qualcuno (che magari non legge un libro dai tempi della scuola) le fa così? Gli adulti prendono appunti quando serve (non devono essere belli da vedere. La calligrafia non deve essere bella. I tuoi appunti non li vedrà nessuno a meno che non glieli mostri, quindi rilassati un po' e provaci).

Orientarsi . . . Mentalmente Per prima cosa devi rispondere ad alcune domande per aiutarti a "riconoscere i segnali". Eccole:

1. *Cosa ti stressa mentalmente*? (mentre tiri ovviamente, non la tua fidanzata o tua suocera...) Fai una lista.
2. *Come reagisci a questi stress*? Tremi mentre tiri? Ti sudano le mani? Ti sale la frequenza cardiaca? Tiri in apnea? O ansimi come un cane? Senti le farfalle nello stomaco? Se non sei capace di riconoscere questi segnali di stress, potresti scivolare in queste situazioni e sbagliare prima di poter agire (all'inizio non sai che lo stai facendo...).
3. *Qual è il tuo normale livello di eccitazione*? No, amico, non stiamo parlando di sesso qua, stiamo parlando di quanto sei calmo mentre tiri. Il tiro con l'arco è uno sport a "basso livello di eccitazione" (confrontato con quello di un difensore di Football americano), ma tutti gli sport hanno quella che si chiama una "curva di eccitazione (arousal)".

   Eccone una generica:

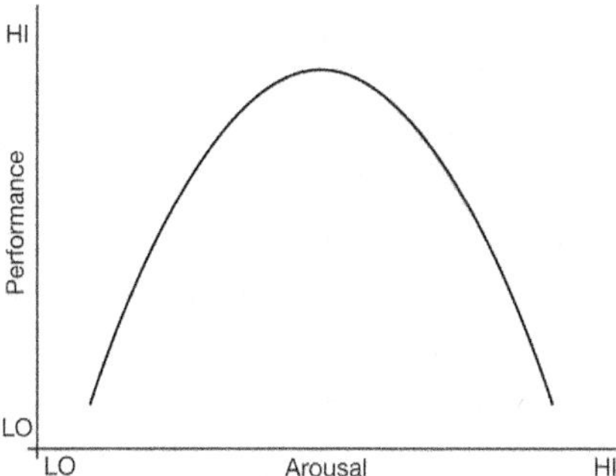

Se sei troppo carico quando tiri, non renderai bene. Allo stesso modo se sei troppo rilassato non renderai bene. E ognuno è diverso! Devi capire il tuo livello normale di eccitazione, il tuo normale livello di intensità, così che se è troppo, o troppo poco, tu lo possa regolare.

E non puoi semplicemente indovinarlo, devi segnarti

quale pensi che sia durante molte sessioni di tiro, prima di avere una buona stima su come sei fatto tu. Hai passato molti anni ignorando questa cosa, quindi non è che di punto in bianco troverai che "è un valore di 3.2 su una scala da 0 a 5!" Inizia a pensarci e prendi appunti. Col passare del tempo capirai come funziona per te.

4. *Come senti la pressione*? Tutti i sintomi della pressione provengono da te. Quali sono? Come fai a sapere che sei "sotto pressione"? Se non sai quali sono i tuoi sintomi, come fai a gestirli? Non è una cosa estemporanea, è un po' come misurare la febbre quando uno è malato, non ottieni sempre la stessa temperatura. Devi farlo più e più volte. E devi prendere appunti (come le infermiere negli ospedali, che scrivono sempre su quelle cartellette). Questo è qualcosa che non viene fuori in allenamento, quindi devi prendere appunti dopo una gara (farlo durante potrebbe distrarti troppo dal tiro).
5. *Quali sono le cose che ti distraggono quando sei in gara*? Ti dà veramente fastidio l'illuminazione scarsa nelle gare indoor? E che mi dici di dover guardare in faccia un arciere mancino mentre tiri? Avere il tuo compagno di piazzola che soffre di meteorismo? (Mamma mia!). Quali sono le cose che ti mettono fuori gioco? Che spezzano la tua concentrazione? Fanne una lista e ordinale dalla peggiore alla meno peggio. Ancora una volta, se conosci queste cose le puoi gestire. Se no, scoprirai di aver già perso un bel po' di punti prima di identificare la causa della tua perdita di concentrazione, e sarà troppo tardi.
6. *Cosa ti rende sicuro di te*? Intendo veramente sicuro. Quando senti che quelle frecce andranno esattamente là dove stai mirando… quando senti che non puoi fallire. Che cos'è che provoca questo? E' una sensazione? E' una sequenza di frecce buone? Che cos'è? Non ti chiedo di

indovinare. Ti chiedo di accorgerti di quando, in allenamento o in gara, ti senti sicuro di te. Quando noti che ti senti particolarmente fiducioso prendi nota, scrivi un appunto o due e verifica nel tempo se la causa o le cause sono sempre le stesse. Il punto chiave qui è: una volta che sei riuscito a capire che cosa incoraggia la tua fiducia in te stesso, che cosa puoi fare con questa consapevolezza?

Ora metti insieme un Set di strumenti mentali Questa è solo la tua prima ipotesi di quali strumenti mentali vuoi che facciano parte del tuo programma mentale.

Come suggerimento, la maggior parte degli arcieri di successo controlla il proprio dialogo interiore e usa la visualizzazione delle frecce perfette come parte della sequenza di tiro.

L'ordine in cui presento le abilità mentali a chi inizia a tirare è:

- *primo*: sorvegliare il proprio dialogo interiore (Rendilo positivo!),
- *secondo*: gli obiettivi di metodo e
- *terzo*: visualizzare i tiri perfetti (tipicamente appena prima di alzare l'arco, perché non ci sarà tempo per farlo dopo e la loro "immagine" sparirà velocemente quindi non è possibile farlo prima).

Gli obiettivi di metodo non vengono sempre fuori mentre si tira, ecco perché gli arcieri più esperti citano solo il dialogo interiore (che sia positivo) e la visualizzazione mentale.

Qualunque sia il tuo set di strumenti, devi comunque prendere appunti su quanto bene queste cose funzionino.

E tieni le orecchie aperte quando la gente parla di "giochi mentali".

Ci sono un sacco di strumenti non citati qui e potresti

scoprirne uno che potrebbe funzionare per te.

Ecco come fare per scoprire se funzionano o no.

L'allenamento mentale

Immagino che tu stia pensando: "Quando dovrei allenare la parte mentale?"

La risposta è che parte mentale e parte fisica sono inseparabili.

Gli unici strumenti mentali che si allenano separatamente sono quelli da usare quando le cose vanno male.

Ovviamente non puoi aspettare che le cose vadano male, (anche se sembra che succeda abbastanza spesso) per avere occasione di esercitarti.

Come minimo, dovrai passare in rassegna il tuo "kit di strumenti di emergenza" ogni volta che ti prepari per una gara.

Nota: I coach o gli arcieri che tirano con te possono darti una mano creandoti "problemi" nel bel mezzo di un allenamento e chiedendoti di rimediare ("la tua corda – o il loop, o altro – si è appena rotta. Hai 15 minuti per rimediare al problema e tornare in gara.")

Il punto è che se vuoi provare la visualizzazione mentale nella tua sequenza di tiro, devi inserirla nella sequenza e poi farlo per *ogni freccia che tiri*. Lo stesso vale per il controllo del tuo dialogo interiore. Non esiste qualcosa del tipo "Farò 15 minuti di allenamento mentale ad ogni sessione di allenamento".

Inizia semplicemente a farlo: senza eccezioni, senza pause, senza tergiversare. Fallo e basta.

E prendi appunti (lo so, amico, la vita è dura, ma se tirare davvero bene fosse facile, beh, lo farebbero tutti).

Un buon modo di valutare il tuo "allenamento mentale" è creare una scheda da compilare alla fine di ogni allenamento o gara. La scheda deve contenere solo poche domande a cui rispondere, ad esempio:

"Che percentuale dei tuoi tiri ha incluso una visualizzazione di un tiro perfetto prima di alzare l'arco? (risposta tipica: 85%, 90%... con un obiettivo del 100% ovviamente).

"Hai tirato meglio, o peggio, della tua media?" (Risposta tipica: Sensazioni davvero buone, punteggi di 4 o 5 punti sopra la norma).

"Come ti sentivi mentre tiravi?" (Risposta tipica: Allenandomi dopo il lavoro ero un po' stanco, ero arrabbiato col mio capo quindi facevo fatica a concentrarmi... all'inizio).

Creare nuove abitudini richiede tempo. La statistica che viene citata più spesso dice che "ci vogliono 21 giorni per creare una nuova abitudine" (presa dal libro "Psicocibernetica" scritto da Maxwell Maltz nel 1960. Non ho trovato nessun fondamento scientifico, ma è una citazione che funziona benissimo per fare il figo nel tiro con l'arco).

Ci vogliono tempo e fatica per creare una nuova abitudine e se valuti troppo in fretta avrai un risultato non veritiero.

Quindi, accumula un paio di dozzine di questi questionari e poi decidi se quello strumento mentale ha migliorato il tuo allenamento oppure no. Qualche volta l'allenamento mentale non è evidente. Ecco un esempio: ad una recente gara indoor, l'arciere migliore della zona arrivò senza faretra e senza i suoi sganci. Aveva cambiato macchina all'ultimo momento e non aveva spostato tutto. Dopo essere stato preso in giro da noi come succede in questi casi, si fece prestare una faretra da pavimento e uno dei vari sganci che gli avevano dato da provare in allenamento.

Tirò tutta la gara con uno di quegli sganci presi in prestito e anche se il conteggio degli ori ne soffrì un po', tirò il suo solito punteggio massimo.

Questo è un buon esempio di allenamento mentale. Invece di tornare a casa o limitarsi a guardare la gara, questo arciere ha usato l'occasione per provare il suo programma di emergenza.

Usare materiale non tuo può essere sconvolgente, ma la seconda volta sarà più facile della prima e la terza volta più facile della seconda. Ci sono delle ragioni se questo ragazzo è il miglior arciere della sua regione e una di queste è il fatto che si sia costruito una solidità mentale.

Per finire

Ci sono ancora un paio di cose che devo aggiungere per essere sicuro di non aver dimenticato niente di importante (amico, se ti sei stancato a forza di leggere, vai a fare un pisolino e torna più tardi).

La differenza tra essere vicino al risultato e averlo raggiunto Gli ultimi due score che hai fatto in allenamento erano lì, abbastanza alti da vincere la gara su cui ti stai concentrando. Sei pronto? Forse sì, forse no.

La tua prestazione è in gran parte controllata dalla tua immagine di te stesso.

La tua immagine di te è una parte del tuo subconscio che può essere paragonata a chi tu credi di essere. Non il "Chi ti credi di essere?" con cui ti sgridava tua madre, ma chi veramente credi di essere. La tua immagine di te è intimamente legata alle tue possibilità di vittoria (se pensi di essere un perdente, lo sei. Se pensi di essere un vincente, beh, forse).

Per spiegare questo, considera due arcieri che si presentano a una gara importante: uno è rilassato, fiducioso e dice a tutti che sta tirando proprio bene, perché è vero; l'altro è teso, preoccupato, e parla a tutti delle sue difficoltà.

Quale di questi due arcieri ha più possibilità di vincere? Beh. Quello sicuro di sé. Ma se i suoi discorsi e il suo comportamento fiducioso fossero falsi: non sta poi tirando così bene, la sua fiducia e le sue posture rilassate sono una recita, allora cambia tutto (E sicuramente non scommetterei un centesimo su quell'arciere).

I veri campioni sembrano rilassati e fiduciosi perché sono rilassati e fiduciosi. Hanno grandi aspettative di vittoria perché vincere è una cosa che fanno spesso; sono campioni.

La loro immagine interiore di sé è quella di un vincente. Questi ragazzi hanno davvero un vantaggio.

Quindi, come pensi di rendere la tua immagine di te simile alla loro, senza avere molta esperienza di vittorie? Bene, intanto non ci puoi arrivare mentendo a te stesso o a chiunque altro. Devi prima *convincere* te stesso che puoi fare punteggi vincenti ogni volta che vuoi.

Allora, quanti punteggi potenzialmente vincenti ti serve fare in allenamento per creare questa immagine vincente di te stesso?

Bene, lascia che ti racconti una storia a questo proposito.

Quando vivevo in California, il mio club di tiro con l'arco teneva un campionato indoor settimanale in un negozio di arcieria ogni inverno.

Stavo ancora imparando a tirare freestyle unlimited col compound, e in uno di questi campionati si usava il bersaglio NFAA con 5 spot per fare una gara da 30 frecce. Iniziai la sessione tirando 296, 297, 296, 297, 298, e ancora 298. Quindi nel campionato delle 6 settimane successive rimasi sullo stesso bersaglio, perché sentivo davvero che "ci ero vicino" e volevo tirare un 300. Quindi il campionato successivo iniziò con 298, 299, 298, 299 e 300! Fico! Avevo anche fatto 42 X, che per me era un nuovo record personale per numero di ori.

Ora, riuscite ad indovinare quale è stato il mio primo risultato successivo? Ho fatto 286. Accidenti che K.O! Pensavo di avercela fatta. Un socio del club faceva sempre 300 in quella gara da più di 10 anni. La sua immagine di sé era quella che gli diceva che lui era un "arciere da 300".

La mia a quel punto era quella di uno che era stato fortunato a tirare un 300 in tutta la vita.

E avevo fatto l'errore di pensare che farlo una volta volesse dire che lo potevo fare quando volevo.

Ecco il punto. Tutti noi abbiamo delle "comfort zone" (zone di comfort) per quanto riguarda le nostre prestazioni.

Se performiamo molto sotto quella che è la nostra idea di noi stessi, tendiamo ad arrabbiarci un po' con noi stessi e ci impegniamo di più, e allora andiamo meglio. Sono sicuro che vi è capitato.

Il rovescio della medaglia è che se stiamo tirando alla grande, molto sopra il nostro standard, succede sempre qualcosa che ci riporta giù . . . giù fino a tornare nella nostra "comfort zone", quella che include quei punteggi.

E' quasi una forma di auto-sabotaggio. Se a te non è mai capitato, controlla le prestazioni di un qualunque golfista professionista che non ha mai vinto un torneo ed è in testa l'ultimo giorno di un torneo.

E' molto molto raro che questi "novellini" vincano. Molto più spesso, invece, colano a picco nella classifica come dei sassi. E quando nel round finale si trovano a giocare contro Tiger Woods (il Tiger Woods del 2009 e prima) è anche peggio. Non puoi contare sul fatto che lui commetta più errori di te. E, cavolo, giocare davanti a quelle folle enormi è così diverso. E fanno tutti il tifo per lui. Pensi che quei golfisti speranzosi includano "Battere Tiger" in qualche parte della loro immagine di sé? Io credo di no.

Quando ho saputo delle comfort zone, ho ripensato alle serie di punteggi che ho descritto prima. Prima di tirare il punteggio perfetto, potevo ricordare di aver fatto la mia prima M in diverse di quelle sessioni di gara e *di essermi sentito sollevato*! La tensione del cercare di evitare la M era finita; ero sollevato. Ora sì che riconoscevo il mio modo di tirare! Ma io non volevo che fosse quello "il mio modo".

Quindi, come puoi cambiare la tua immagine di te perché includa il fatto di essere capace di tirare punteggi alti? Non è poi così difficile. Ecco una tecnica che ho sentito sia dal Coach Bernie Pellerite che da Lanny e Troy Bassham della Mental Management Systems.

Diciamo che l'obiettivo sia inizialmente riuscire a tirare nel giallo tutte le frecce di una gara indoor (e in seguito magari tirarle tutte nel 10). Inizia con due targhe triple messe a 5 metri (per te amico, sono 5 passi lunghi).

Regola il mirino adeguatamente e tira sei frecce, mirando al centro del 10 piccolo ma tenendo la concentrazione sul tirare bene in termini di postura ed esecuzione. Tira le sei frecce successive. Ora, se manchi il 10 piccolo (o il bersaglio, puoi calibrare il livello dell'esercizio), devi ricominciare da capo, su una targa pulita. Quando avrai tirato 60 X (o 60 frecce dentro), all'allenamento successivo devi rifarlo. Dopo che avrai fatto 3-5 sessioni perfette in questo modo, potrai allontanare il bersaglio di un paio di metri e rifare l'esercizio. Dopo che avrai tirato 3-5 sessioni perfette a quella distanza, potrai spostare il bersaglio a 10 metri e rifare l'esercizio. Continua a tirare e a spostare il bersaglio fino ad arrivare alla distanza regolamentare di gara.

Ci sono diversi modi in cui puoi rendere questo esercizio più facile o più difficile. Puoi cominciare con bersagli più grandi. Puoi usare diverse distanze. Gli elementi chiave da mantenere in qualsiasi variazione sono "costruire sul successo" e "voler fare di più". Se non riesci ad ottenere lo score perfetto o comunque il punteggio che ti prefiggi, vuol dire che lo hai fatto troppo difficile.

Inizia sempre da una misura di targa e da una distanza a cui puoi tirare quel "punteggio perfetto" (qualsiasi sia quello che definisci come "perfetto").

Quando sarai tornato alla distanza regolare di gara e alla giusta misura della targa avendo tirato 3-5 punteggi perfetti, avrai anche tirato dozzine di punteggi pieni. Sarai abbastanza abituato a tirare punteggi pieni. Sarai abbastanza abituato a tirare nella X.

Il punto è che per tirare in modo perfetto devi iniziare ad una distanza alla quale è facile fare dieci, e provare a te stesso che lo sai fare, prendere confidenza col farlo in modo continuativo.

Poi aumenti giusto un pochino la difficoltà e fai un po' di più. Questo metodo funziona, te lo consiglio.

Usa cautela però, se non riesci a tirare 300 o poco meno, questo richiede un po' più che un semplice metodo. Devi anche imparare molto sulla concentrazione.

La prima volta che ho fatto questo esercizio, mi sembrava così facile che mi sono annoiato e ho fatto una M... alla seconda volée!

Quindi, con un esercizio come questo cambierà la tua immagine di te? La risposta è sì. Può essere migliorata ulteriormente? La risposta è sì. Devi ancora provare a te stesso che tiri costantemente 300 in condizioni di gara, dopo aver viaggiato e mangiato panini, ecc.

Ma per diventare un vincitore costante, devi vincere... e per vincere devi credere di poter vincere. Provare a te stesso che sei capace di tirare una freccia dopo l'altra nel centro del bersaglio è la prima parte di questo viaggio.

Le Trappole Mentali

Non posso concludere questa sezione senza metterti in guardia su alcune "trappole mentali" in cui gli arcieri possono cadere.

Hanno origine nei fenomeni psicologici noti come "dissonanza cognitiva" e "bias di conferma" (confirmation bias) (Lo so, amico, ti ho appena perso. Mannaggia).

La Dissonanza Cognitiva Come accade per tutto ciò che ha a che fare con la psicologia, non c'è niente che ne provi l'esistenza, ma il concetto di dissonanza cognitiva sembra plausibile.

La dissonanza cognitiva è semplicemente il fatto che ogni volta che crediamo contemporaneamente in due cose incompatibili tra loro, distorciamo l'una o l'altra o entrambe per farle convivere. L'esempio classico nel tiro con l'arco è quando partecipi a una competizione pensando di avere buone possibilità di vittoria anche se i tuoi punteggi non sono affatto sufficienti.

La dissonanza si instaura tra il punteggio che tipicamente serve per vincere, diciamo che sia un 540 in un NFAA Field Round [*L'NFAA Field Round è una gara H&F che si disputa su un percorso da 28 piazzole tirando 4 frecce a piazzola (totale 112). Il punteggio massimo è di 20 punti a piazzola, quindi 560 punti in totale [N.d.T.]*], e il fatto che il tuo punteggio medio sia intorno a 510. Le possibilità che tu faccia 35 punti in più rispetto alla tua media sono, praticamente, zero.

Questo è provato dal fatto che hai fatto più di 530 punti solo una volta negli ultimi 10 anni.

Quindi la grande maggioranza dei tuoi score sono sotto 540, ma tu ti fisserai su quel 539 che hai fatto, pensando "potrebbe farmi vincere!"

Non fai caso ai pensieri che ti dicono "i 506 punti che ho fatto la settimana scorsa mi farebbero perdere". Puoi ingannare te stesso a tal punto da rimanere deluso se dovessi perdere. In realtà non avevi alcuna chance di vittoria.

Ogni volta che due pensieri vanno in conflitto tra di loro (fondamentalmente non possono essere veri entrambi; sono incompatibili) ognuno di noi tende a colmare la distanza tra i due fino a quando possono coesistere.

Il Bias di conferma Il Bias di conferma è stato ben descritto in una canzone di Paul Simon, "The Boxer", nella quale ha scritto "still a man hears what he wants to hear and disregards the rest..." ("dopotutto un uomo ascolta quello che vuole sentire e ignora tutto il resto"). Ecco, noi siamo quell'uomo! (o quella donna). Una volta che abbiamo comprato uno sgancio nuovo o fatto un altro acquisto importante, non vogliamo sentirci dire che abbiamo preso una decisione sbagliata, quindi quando sentiamo parlare bene di ciò che abbiamo comprato, ci rimane impresso nella mente. Se viene detto qualcosa di negativo sul nostro nuovo sgancio, ci scivola via dalla memoria come un coltello caldo nel burro, oppure contestiamo l'informazione ("Non può essere, hai capito male!"). Questo è un comune comportamento umano e si applica al tiro con l'arco in diversi modi. Per esempio, ad una cara amica dissero che aveva un buon rilascio. A lei piaceva sentirselo dire, e se lo ripeteva anche da sola. Di conseguenza non veniva fatto alcun lavoro per migliorare il suo rilascio o per modificarlo. Commenti che dicessero il contrario non venivano ascoltati. Alla fine, alcuni filmati ad alta velocità mostrarono che il suo rilascio era un rilascio "morto" seguito da un bellissimo, quanto finto, follow-through della mano della corda. In generale, gli arcieri investono un sacco di denaro in archi o frecce o qualsiasi altra cosa e poi ascoltano solo commenti che confermano le loro scelte, e sicuramente niente sui difetti dell'oggetto acquistato. Ovviamente non puoi compensare i difetti se non sai quali sono. Devi essere cosciente di queste tendenze umane "generiche" e sapere che si applicano al tuo tiro.

A maggior ragione devi prendere appunti scritti e fare dei test reali per vedere se i cambiamenti nella tua postura, esecuzione o materiale hanno portato davvero miglioramenti; è molto facile cadere preda di ciò che gli psicologi chiamano *Effetto Hawthorne.*

In sostanza, l'effetto Hawthorne è che qualunque cosa fatta con l'obiettivo di migliorare le cose le migliora effettivamente... per un tempo limitato. Questo venne scoperto più di 50 anni fa in uno studio sulle condizioni di lavoro in ufficio. In questo studio agli impiegati venne detto che sarebbe stato fatto un cambiamento nell'illuminazione dell'ufficio che avrebbe reso più facile il loro lavoro. Ed ecco che, dopo aver aumentato solo di poco l'illuminazione, la produttività si incrementò. Poi venne detto loro che un altro aggiustamento avrebbe migliorato ulteriormente le cose, e le luci vennero riportate al livello a cui erano in origine. I ricercatori esterrefatti osservarono un ulteriore aumento della produttività! Questo suona fin troppo bello per essere vero ma la realtà riafferma se stessa, nel senso che dopo pochi giorni gli effetti spariscono e le cose tornano alla normalità.

Ecco come l'effetto Hawthorne si applica a te. Quante volte hai avuto un nuovo "giocattolo arcieristico" e hai deciso in un giorno o anche in un'ora o poco più che quelle nuove frecce, quell'arco nuovo, ecc. avessero portato un vero miglioramento nel tuo tiro? Bene, può essere successo, ma è durato solo un giorno o due. Quindi, *una volta che ti sei abituato al tuo nuovo aggeggio*, devi fare un test di raggruppamento o una simulazione di gara per vedere se c'è un effettivo miglioramento o se stai solo ingannando te stesso.

Gli appunti scritti sono i tuoi alleati in questo! Se pensi di aver appena fatto un grande progresso ma guardando indietro di un anno o due trovi che i tuoi punteggi in realtà non sono davvero migliorati, hai un modo per capire cosa sta succedendo.

La tua memoria è sempre sensibile alla dissonanza cognitiva e al bias di conferma, quindi non ci puoi fare affidamento.

I giochi mentali e il Trash-Talking Ci sono avversari che ti mettono fuori gioco usando giochetti psicologici: interrompono i tuoi pensieri, la tua routine pre-gara, discutono con te su una piazzola del campo, e cose del genere.

Per quanto possibile non ti conviene lasciarti coinvolgere da queste persone nei loro tranelli (No, amico, non li puoi picchiare. Noi rappresentiamo un'organizzazione non violenta di tiro con l'arco).

Il motivo per cui devi evitare, o comunque non rispondere a queste persone è che non ci sono vantaggi, non c'e' niente da guadagnarci dando loro retta.

Una volta ho chiesto a Rick McKinney se lui o Darrel Pace, che vincevano tutto nell'arco olimpico negli anni '70 e '80, si fossero mai impegnati in giochetti mentali.

La sua risposta fu "no" nel senso che voleva che i suoi avversari sapessero che non potevano batterlo, nemmeno nei loro giorni di massima forma. Wow, che arroganza . . . mi piace!

E' in qualche modo una tradizione durante le gare amichevoli impegnarsi in un po' di Trash-Talking. Ad esempio, a una delle nostre gare sociali, un socio portò con sé una medaglia che aveva ritirato per un amico. Quando presentò al suo amico la medaglia per il secondo posto disse "Se vuoi vedere com'è una medaglia da primo posto, posso mostrarti la mia. Ne hai mai vista una?" Ora, questo era un sano prendersi in giro tra amici, ma può diventare più duro quando la competizione si fa un po' più aspra. Io ti raccomando di non metterti a fare Trash-Talking" . . . mentre tiri. Risparmia le tue capacità per i pranzi o per i raduni, eccetera. E' troppo facile lasciare che questi discorsi ti infastidiscano facendoti perdere la concentrazione mentre tiri. [Con Trash-Talking si intende quella forma di provocazione o di insulto usato a volte in situazioni competitive (come eventi sportivi e videogiochi multiplayer) per innervosire e deconcentrare l'avversario. [N.d.T.]]

Il coronamento di un Programma Mentale

Uno degli aspetti più importanti del programma mentale di un arciere è quello che gli permette di tirare sempre "a tempo" ovvero con lo stesso ritmo (Okay amico, ecco che torniamo a parlare del tempo e della temporizzazione del tuo tiro).

Alcuni arcieri tirano velocemente, altri lentamente.

Gli arcieri veloci che cercano di tirare più lentamente, o quelli lenti che cercano di tirare più in fretta avranno solo delusioni.

Sono convinto che qualsiasi sia il tuo ritmo, è quello che è, e cercare di cambiarlo è un'impresa inutile. Devi tirare secondo il tuo ritmo.

Il compito diventa: diventare costante rispetto al tuo particolare ritmo.

Come trovare il tuo ritmo Questa è la parte difficile. Se non puoi avere qualcuno che ti aiuti con un cronometro per scoprirlo puoi anche usare un metronomo. Nello scenario col cronometro, hai qualcuno che ti misura (senza che tu ti accorga che lo fa) quanti secondi passano da quando sollevi l'arco a quando rilasci la corda (o altri due momenti ben precisi, con il tuo tiro in mezzo tra i due).

Dopo ogni tiro, dici "Sì" se il tiro ti è sembrato buono e "in tempo" e "No" se non ti è sembrato buono o fuori tempo.

Dopo aver registrato i tempi e i punteggi delle frecce per molte dozzine di tiri in più di una sessione di allenamento, provi a correlare il numero di secondi con la qualità del tiro.

Un modo per fare questo è inserire il numero di secondi, il punteggio della freccia e i "Sì" e "No" in un foglio di calcolo a 3 colonne, ordinare le righe secondo i tempi e vedere se i "Sì" si concentrano su un particolare tempo di tiro. I punteggi buoni si concentrano su qualche durata particolare? I punteggi buoni sono in relazione con i "Sì"? (In pratica ti stai ponendo la domanda: "Sono capace di giudicare se tiro sempre con i giusti tempi?")

A beneficio di questa discussione, ipotizziamo che la maggior parte dei "Sì"e dei punteggi buoni siano tra 4 e 6 secondi. Questo allora è un indicatore del tuo ritmo di tiro e ci sono ora un sacco di modi per fissare questo ritmo (vedi sotto)

L'approccio col metronomo per trovare il tuo ritmo consiste nel far partire un metronomo e contare sul tuo tiro, tanti "click" per ogni step della sequenza di tiro (Il numero varierà perché gli step non sono tutti della stessa durata).

Se il metronomo è impostato troppo veloce, ti sentirai in affanno o incapace di contare abbastanza in fretta.

Se è impostato troppo lento, ti sentirai lento e impaziente.

Quando riesci a impostarlo correttamente allora hai trovato il ritmo da fissare. Questo può essere confermato dai punteggi delle frecce tirate ai diversi ritmi: il ritmo migliore produce le frecce migliori.

Come fissare il tuo ritmo Ci sono un paio di modi per fissare il tuo personale ritmo di tiro. Un modo è tramite il feedback (riscontro).

Anche qui ti serve qualcuno con un cronometro. Se il tuo tempo è 4-6 secondi da quando alzi l'arco a quando rilasci, il tuo assistente si allena con te e misura il tempo di ogni tiro.

Se tiri più veloce di 4 secondi, te lo dice.

Se raggiungi i 6 secondi prima di rilasciare, ti dice "Scendi!" e tu devi scendere.

Alla fine il feedback ti porta a tirare al tuo ritmo migliore.

Ti serviranno diverse sessioni per fare questo e potresti aver bisogno di fare dei test periodici per verificare a che punto sei.

Un altro metodo è usare un metronomo personale (si fissa all'orecchio) e allenarti col tuo ritmo.

Non puoi usarlo in gara ovviamente (verifica le regole della tua organizzazione) (L'amico dimenticò una volta di toglierselo e si lamentò di sentire uno strano ticchettio per almeno 3 giorni!)

Un altro metodo ancora è quello di avere in mente un frammento di musica che abbia lo stesso tempo del tuo ritmo di tiro (oppure potresti sentirla e accorgertene dopo).

Molti arcieri usano un pezzo di una canzone come parte della loro sequenza di tiro. Li aiuta a mantenere il ritmo.

FINE

Ora Vai e Non Fare Più Schifo!

APPENDICE

Ma aspetta, C'è di più! – Questa è solo una parte della storia

Quello di cui abbiamo parlato finora è solo il programma mentale da usare mentre si tira, ma la componente mentale del tiro con l'arco è piuttosto vasta e non è solo quello che succede nella tua testa mentre tiri. Un programma mentale è la somma di tutti gli strumenti che userai mentalmente per la gara.

Li divido in 3 gruppi:

1. Strumenti da usare quando tiri normalmente
2. Strumenti da usare quando le cose vanno male
3. Strumenti da usare quando pianifichi e/o ti prepari

Tutti questi sono necessari e il fattore chiave è che sono necessari adesso (in realtà ti servivano un po' prima, ma hai perso il treno quando è passato). E non si accettano ritardi.

Troppo spesso gli arcieri scoprono l'esistenza dei programmi mentali solo quando sono in gara e stanno perdendo e nella disperazione pensano che ci debba essere qualche trucchetto mentale che gli possa salvare la pelle.

Purtroppo, questa è un'altra manifestazione del fatto che gli arcieri credono nella magia. Non esistono trucchi mentali. Ci sono abilità mentali con cui, una volta che le hai imparate ed esercitate, puoi rendere molto più probabile avere una bella giornata che non una brutta giornata.

Gli strumenti da usare mentre si tira normalmente (come descritto sopra) faranno molta differenza nel tuo tiro, al punto che non farai più schifo nel tiro con l'arco.

Se vuoi saperne un po' di più su tutta la storia, bene, questa appendice serve a quello (No, amico, l'appendice non è solo un motivo per un intervento chirurgico, vuol dire semplicemente un pezzo aggiunto alla fine).

Strumenti da usare quando tiri normalmente Ci sono strumenti mentali che puoi usare quando tiri o gareggi normalmente. Questi sono l'argomento della Sezione 2.

Strumenti da usare quando le cose vanno male Cosa succede quando tiri una freccia che ti aspetti vada nel 10 e invece è un 6? (o una X e invece è un 10, o un 5 e invece è un 4, qualsiasi cosa)? In pratica, cosa succede quando le cose vanno male? Ci sono 3 possibili cause per un tiro sbagliato:

1. Tu
2. Il tuo materiale
3. L'ambiente esterno (vento, uccelli, ecc.)

Bene, quale di queste è stata la causa di quel 6? Questo è il problema che devi risolvere.

Il Troubleshooting Razionale (identificazione razionale degli errori) Se quando cerchi di capire un tiro sbagliato permetti alle tue emozioni di prendere il sopravvento, hai perso. Hai il tempo contato per capire cosa è andato storto e correggerlo per il prossimo tiro. Usare il tempo per arrabbiarsi e poi calmarsi non risolve il problema.

La prima cosa che faccio io mentalmente è ripercorrere il tiro nella mia testa. Ho cercato di "aiutare" il tiro e l'ho spinto nel 6? Ho lasciato cadere il braccio dell'arco? Le domande da farsi cambiano a seconda che il tiro fosse alto, basso, a sinistra o a destra.

Se era alto, a sinistra o a destra di sicuro non controllerò se è stata colpa di un cedimento del braccio dell'arco, perché questo varrebbe solo per un tiro basso. Per fare questo con precisione, devo avere una lista di cose da verificare per ogni direzione dell'errore. Ecco un esempio:

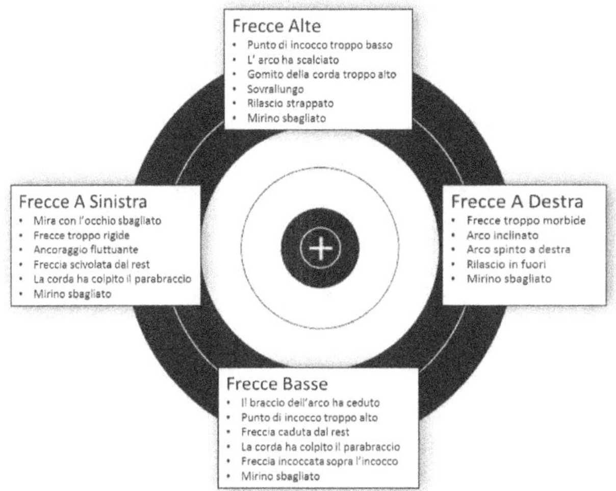

Ma gli arcieri bravi non hanno liste generiche, le loro liste elencano la causa di questi errori basata solo su quello che "loro" possono aver fatto.

Quindi, comincia a prendere più appunti in quel quadernetto che hai comprato.

Se il mio "replay" del mio tiro non indica una causa dell'errore, allora verifico le cause esterne. Se c'era una bandierina per indicare il vento, in che direzione sventolava? Se non c'era, verifico gli alberi e i cespugli per capire il vento. Ci sono state raffiche durante il tiro? Hanno contribuito al problema? E così via.

Se non trovo risposte nemmeno lì, io poi verifico il mio materiale, cercando rest allentati, viti del mirino lasche, qualcosa che possa aver causato il problema.

Lo faccio per ultimo perché ho controllato una, due, tre volte il mio materiale per essere sicuro che non desse problemi, e in più sono sensibile a eventuali "differenze" nel mio materiale.

Se nessuna di queste si rivela essere una causa del problema, devo eliminare il problema dalla mia mente e tirare un'altra freccia. Se non mi tolgo dalla testa l'ultima freccia, il fatto di pensarci mi rovinerà la prossima e non otterrò né un buon punteggio né le informazioni che mi servono per continuare.

Devi imparare a capire la ragione dei tiri "brutti" in modo da poter minimizzare i danni (questo costituisce gran parte del "fare punti"). Se sei così fortunato che un brutto tiro ti è costato solo pochi punti ed è relativamente presto, puoi ancora recuperare un punteggio vincente.

Se è tardi e hai perso tanti punti, probabilmente sarai "sfortunato". Qualche volta, questi sono gli inconvenienti del gioco.

La Visualizzazione Mentale E se il tiro scarso fosse dovuto a una delle cose che tendi a sbagliare?

Hai appena fatto un'esecuzione non corretta, e adesso? Se ti concentri su cosa hai sbagliato, è più probabile che tu ripeta quell'esecuzione non corretta.

Per aiutarti a capire, pensa a cosa fai quando sbagli ad allacciarti le scarpe. Ripercorri tutti gli step meticolosamente (step 1 Incrocia le stringhe, Step 2…)? No, sarebbe stupido, semplicemente ti concentri un po' di più su quello che stai facendo, ovvero eviti pensieri o attività che ti distraggano e semplicemente ti riallacci la scarpa.

Questo è quello che devi fare nel tiro con l'arco. Quando hai fatto un errore, al tiro successivo devi concentrarti sul tirare bene… un po' di più. Molto importante in questo è immaginare molto intensamente un buon tiro nella sequenza normale. Non devi "impegnarti di più" o altre stupidaggini. Quando hai momenti di tensione, la tua reazione deve essere quella di rilassarti, non di aumentare ulteriormente la tensione per "impegnarti di più".

Un caso particolare di questo sono le persone che iniziano le gare in maniera poco convinta. I primi 2-3 tiri sono incerti quando va bene, e poi si assestano e tirano come sanno.

Se fai parte di questa categoria c'è un esercizio di visualizzazione che puoi usare per evitare questo problema. L'esercizio consiste nel tirare mentalmente le prime due volée (compreso camminare verso il bersaglio e segnare punteggi perfetti) nella tua visualizzazione mentale.

Quando arriva la prima volée di gara, sarà come se tu fossi alla terza volée e avessi quindi superato la tua "zona di nervosismo". Alcune persone usano per questo scopo le volée di prova (quando ci sono), tirandole come se fossero di gara.

Entrambe queste tecniche possono funzionare... se ti eserciti in modo da averle disponibili quando sei in gara.

Le Affermazioni Se usi la tecnica delle affermazioni, un buon momento per ripetere quelle pertinenti è tra un tiro sbagliato e il tiro successivo. Se possono aiutare, è il momento giusto per ricevere questo rinforzo positivo.

Le Strategie di Recupero Avere una "strategia di recupero" è una buona cosa. Se non sai di cosa sto parlando, vai a rileggere il capitolo 25. Io ti aspetto qui finché non torni.

Strumenti da usare quando pianifichi e/o ti prepari Ti ho già bacchettato per il fatto di non fare alcun programma per l'allenamento, ma più vorrai prendere sul serio il tiro con l'arco, più pianificazione dovrai fare.

Pensa a partecipare ai tornei più importanti, perché dal momento che sono spesso tornei su più giorni, dovrai prendere giorni di ferie al lavoro, pianificare il viaggio, l'albergo, il cibo e ogni genere di cose. Molti dei tuoi strumenti mentali sono utili per pianificare e preparare, e in realtà ti potrebbe essere utile considerare la pianificazione stessa come uno strumento mentale. Ecco i due strumenti mentali più utili da usare per la pianificazione. Non ho lo spazio per parlare di tutto quello che serve, quindi parlerò solo degli aspetti relativi al tuo tiro.

Gli Obiettivi di Risultato Diciamo che il tuo obiettivo per la stagione sia entrare nei primi dieci nella classifica nazionale outdoor USAA alla fine dell'estate. Guardando su Internet vedi che un punteggio di 1300 nel FITA (1440 Round) può bastare a garantire quel piazzamento. Se il tuo punteggio attuale nel FITA è 1220, quale dovrebbe essere il tuo obiettivo? Se hai risposto 1300, ti serve capire meglio quali siano gli obiettivi adatti per te! Quando è stata l'ultima volta che hai avuto un miglioramento di 80 punti in questo tipo di gara? (Risposta: probabilmente mai). Quando ti poni degli obiettivi, devono essere chiari e raggiungibili. Forse il tuo primo obiettivo è portare il tuo punteggio medio a 1240. Poi magari a 1260, 1280 ed infine a 1300. Questi obiettivi formano una "scala verso il successo".

Un obiettivo di 1240 quando hai già fatto i 1220 suona abbastanza facile, ma cosa farai per raggiungerlo? Se fosse così facile, non li avresti già fatti? Ah, ecco dove sta il problema. Ora devi capire cosa dovrai fare diversamente per aumentare di 20 punti il tuo punteggio medio.

Se ti siedi a tavolino con il tuo coach, un blocco e una penna, probabilmente potrai venir fuori con una lista di cose. Poi devi iniziare a provarle e vedere quali di queste portano davvero miglioramenti. Ma il punto qui è, quale sensazione dovresti avere:

a. Mi mancano solo 20 punti per arrivare al mio obiettivo di 1300, ma ho raggiunto quello dei 1240 e quello dei 1260, e anche 1280; posso raggiungere anche questo!

Oppure

b. Devo fare solo 20 punti per arrivare al mio obiettivo di 1300, ma ho avuto questo obiettivo per tutta l'estate e sto finendo il tempo; non ce la posso fare.

Lavorare a modo tuo per salire una scala, un gradino alla volta, piuttosto che cercare di fare un passo gigante, ti dà una serie di successi che ti permettono di misurare gradualmente i tuoi progressi e anche di convincerti che puoi raggiungere gli obiettivi. Ehi, ecco perché costruiscono le scale nel modo in cui le costruiscono.

Le Affermazioni Le affermazioni possono essere scritte su bigliettini 3x5 e nascoste in giro per casa (sull'attaccapanni, sullo specchio del bagno, sul frigorifero, e così via). Ogni volta che trovi un biglietto, ti fermi e lo leggi (meglio se a voce alta).

Questo garantisce che questi pensieri positivi sul "te" che vuoi diventare vengano rinforzati più volte al giorno (Se vuoi una storia stimolante riguardo all'uso delle affermazioni, vai a cercare il racconto di Billy Mills su come vinse la sua Medaglia d'Oro nei 10.000 metri alle Olimpiadi).

Gli strumenti di pianificazione sono quasi interamente mentali e sono di grande aiuto per portarti sul podio del vincitore.

PostScriptum

Se vuoi imparare di più sulle capacità mentali nel tiro con l'arco sto lavorando ad un altro libro che vorrei intitolare: "Il Grande libro delle capacità mentali per il Tiro con l'Arco".

Cercalo se sei interessato.

Steve Ruis
Chicago, Il
Autunno 2012

Appunti

Appunti

Archery Focus magazine . . .

Now can be read on your iPad, Nook, or other e-Reader.

(We do recommend you put it down while shooting, though.)

www.archeryfocus.com

Come See What You Are Missing!

Do You Want to Win? You Gotta Learn How!

Are you . . . ?
An archer who is just starting to compete who wants to get a head start on learning how to win.

Are you . . . ?
An archer who has been competing for a year or so and is frustrated because you are not making more progress.

Are you . . . ?
An archer who has competed for quite a while but almost never seems to get to those top three spots.

Then . . .

Winning Archery is the book for you! If you have read all of the "how to shoot" books and attended the shooter's schools but still find something is missing, **Winning Archery** addresses all the things you need to know outside of how to shoot that have been keeping you off of the Winner's Stand.

Get your copy of **Winning Archery** today!

280 pages • ISBN 978-0-9821471-6-0 • US $19.95

Available at Better Bookstores and OnLine

Steve Ruis (1946-) ha iniziato tardi a tirare con l'arco, ed ha praticato prevalentemente il tiro di campagna con il compound fino a quando frequenti lamentele su come "non si stesse facendo abbastanza per aiutare i bambini nel tiro con l'arco" lo portarono ad interessarsi al coaching.

Attualmente detiene un brevetto di Coaching di livello 4 della USA Archery e un titolo di Master Coach dalla National Field Archery Association.

Steve tira con l'olimpico, il longbow e il compound, ma la sua vera passione ora è elevare il livello del coaching nel tiro con l'arco, dal momento che questa è la strada attraverso cui molte persone possono arrivare ad apprezzare questo sport.

Steve, nato e cresciuto in California, vive ora a Chicago.

www.ingramcontent.com/pod-product-compliance
Lightning Source LLC
LaVergne TN
LVHW021517080426
835509LV00018B/2540